出発 Departures

カトマンズに飛ばされて

旅嫌いな僕のアジア10カ国激闘日記

古舘佑太郎

列車の歌声が聴こえてくるだろう？
切符はいらない
信じる心さえあればね
――PEOPLE GET READY

目次

第1章 タイ

March 1-5, 2024

Thailand

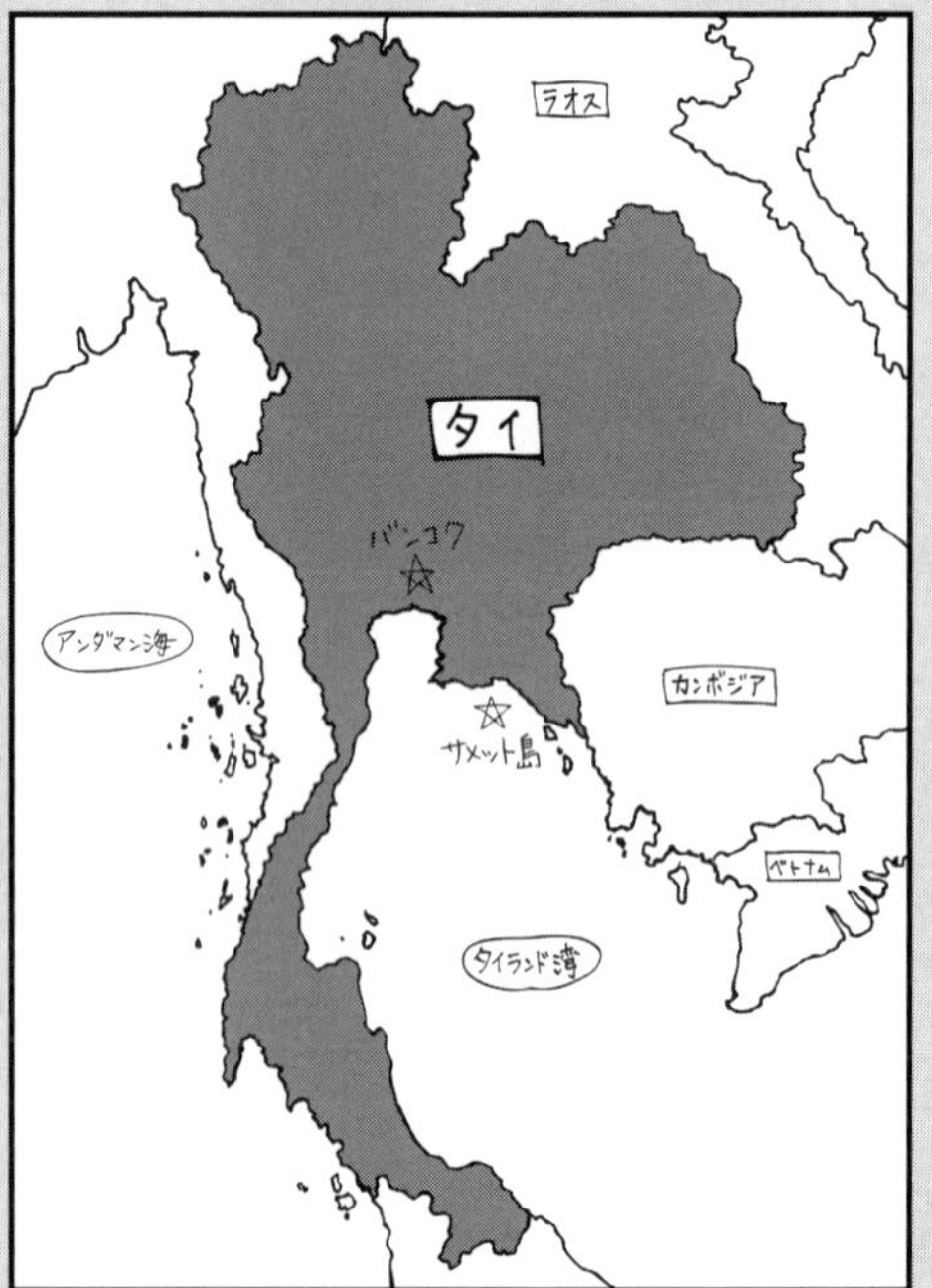
ラオス
タイ
バンコク
アンダマン海
カンボジア
サメット島
ベトナム
タイランド湾

3月1日　バンコク・カオサン通りの洗礼

僕は今、飛行機の中にいる。羽田空港国際線ターミナルから旅立ち、かれこれ数時間が経過した。離陸の時、窓に映る東京の風景に惜別の念は抱かなかった。とうとう始まってしまった、という諦めによる倦怠感だけが重くのしかかっていた。いくら耳抜きをしてもすっきりしない様子から、おおよそこの憂鬱に気圧は関係ないのだろう。

「一人旅に出たんだ！」

そう声高らかに宣言できたのなら、さぞ格好がついたはずだ。しかし、そうもいかないのは、僕がのっぴきならない事情ばかり抱える厄介者だからに他ならない。大きなリュックサックを背負い、小さなポーチを腰に巻きつけ、心には不安がどっさり詰まっている。ルートも宿泊先もゴールさえも、ほとんど決めていない。待ち受けているのは、アジア大陸放浪生活。唯一決まっているのは、ネパールのカトマンズを目指さなくてはならないということ。東南アジアをくぐり抜け、もしもその地に本当に辿《たど》り着けたなら、その後はインド亜大陸を巡るのもいいかもしれない。あくまでも、「本当に辿り着けたなら」の話だ。なぜこんな挑戦をするハメになったのかは、後々振り返ることにする。自分の厄介ぶりを治すにはちょうどいい荒療治のような気もしているが……。

今朝。出発の2時間前にはすでにゲートの前でチケットを握り締めて立っていた。搭乗アナウンスと共に機内へと乗り込む。席へと腰を下ろした時には、「よし、まずはなんとかなったぞ」と安堵した。窓際に日本人の老夫婦、通路側に僕だ。仲睦まじい2人からは、夫婦水入らずの旅行を楽しみにしている様子がうかがえた。

前方から客室乗務員がヒールを鳴らしながら歩いてきた。通路側の僕に覆い被さるように身を乗り出し、夫婦にシートベルトの正しいつけ方を教え始めた。東南アジア人だと思われるその女性客室乗務員の制服から漂う芳しい香りが、僕の鼻先をくすぐった。いい気分になったのも束の間。ドタバタと遅れて乗り込んできた大柄な欧米人男性が、僕の頭上のラックに大きな荷物を押し込み始めた。背を伸ばす彼のジャケットの裾が、僕の頬《ほほ》あたりで揺れている。焦りから手こずっている様子で、なかなか納まらない。ジャケットの裾は僕の頬をソフトにビンタし続けた。ペチペチペチ……。彼の独特な体臭で、先ほどのフレグランスは瞬時に掻き消された。

「あ、帰りたい」

と思ったが、もう遅かった。数分後。僕にとっては不運なことだが、無事に離陸が成功したと告げられた。

家族や友人との旅行なら、国内外問わず何度か経験もある。しかし、こんな冒険めいたスリリングで孤独な渡航は初めてのことだった。普段の飛行機移動では、窓際の席を希望して悠々自適に居眠りでもするのだが、今回は通路側を選んでいた。元々、不安を感じると頻尿になりやすい。心配は見事的中し、水をがぶ飲みしたわけでもブラックコーヒーを飲んだわけでもないのに、すでに何度もトイレへと駆け込んでいる。通路側にしたおかげで、誰にも迷惑をかけることはない。ひとまず膀胱のほうは安心だ。このように、僕の感情は不安定な気流の中を飛ぶ機体よりもグラグラと揺れ続けているのであった。

せっかくなので、自身を振り返ろうと思う。32歳、東京都出身。高校時代に幼馴染とバンドを組み、19歳でメジャーデビュー。解散後にソロ活動を経て、25歳の時に新たなバンドを結成した。贅沢はできないけれど、かれこれ10年以上、ミュージシャンという職業にしがみついてきた。仲間とともに大きなステージで音を鳴らすことは、一生かけて追いかけたい夢だった。

しかし今年、メンバーで何度も話し合いを重ねた末に、僕らは解散することになった。理由は喧嘩別れではない。30歳を過ぎて、メンバーそれぞれの事情と思いがまとまらなかったことが大きい。みんなが前に進むための最善の選択だった。

そして一人になった僕は、音楽に対して冷め切っていることに気づいてしまった。あれほど情熱を注いできたのに、心にエンプティマークが灯っている。今となってみれば、僕自身のガス欠も解散の理由の一つだったのではないか、と思う。過ぎたことにいつまでもウジウジしているわけにもいかない。しかし、前に進むといったって、どこに踏み出したらいいのだろう。スケジュールはガラ空き。心は空っぽ。そんな背景が僕を旅へと誘《いざな》ったのだ。

白状しておかなくてはならないことは他にもまだある。僕は、温室育ちのボンクラだ。度を越した神経質。主な自覚症状としては、極端な潔癖症、異常なまでのせっかち、臆病者で虫さえも触れない。そして、声を大にして叫びたい。

「旅は嫌いだ！」

人生で一度も興味が湧いたことはなかった。友人から旅行に誘われたら便乗するぐらいの社交性は持ち合わせているが、いつも早く帰りたい気持ちを押し殺して楽しそうなフリをしていた。一人旅なんてもってのほか。アジア大陸なんて論外だ。そんな場所にわざわざ一人で行くヤツなんて正気の沙汰とは思えなかった。

信じられないかもしれないが、これから始まる物語の主人公はそんな男なのだ。さぁ、どうする？　旅に出ることを知った家族、友人、仕事関係者たちは誰も止めてくれなかった。どうやらみんなにとって、本当に荒療治をしなくてはならないほどの厄介者なのだろう。途中でリタイアなんてしたら合わせる顔がない。もしもの場合は、この日記を途中から「東京潜伏記」にするしかない。こっそり帰国して、誰にも会わないで2カ月間やり過ごすのだ。改めて、自分に問いかける。

「さぁ、どうする？」

「帰り方を忘れるほど地図からはみ出せ！」

ヤケになったもう一人の自分がそう言った気がした。怯《おび》えなのか、武者震いなのか、ブルッと心が震えたのがわかった。

前のモニターを見ると、あと1時間でタイに着くようだ……。

午後4時。タイ・バンコク近郊にあるスワンナプーム国際空港へと着陸した飛行機は、乗客をスムーズに外へと吐き出した。ようやく空港に降り立ったというのに、心はモノクロに染まっていた。まずは、入国手続きと荷物の受け取りだ。どの看板もタイ語で書かれているため、どこに向かえばいいのかわからない。英語の看板も見かけるが、

「ARRIVALってどういう意味だっけ？」

といった具合なのだ。自分の語学力のなさに泣けてくる。とりあえず、同じ便の客の背後に小判鮫の要領でくっつくことにした。丸腰バックパッカーとはいえ、それぐらいの対応力はある。入国審査場までの長い通路をゾロゾロと歩いていく。壁に貼られているポスターは、どれも色鮮やかで派手だった。見ているうちに気分は少しずつカラフルになってきた。いよいよ東南アジアに足を踏み入れた、という高揚感のようなものが込み上げてくる。

ハッと我に返った時には遅かった。持ち前のせっかちが行く手を阻んだ。気づけば、目印にしていた同じ便の仲間をごぼう抜きして僕が先頭を歩いていたのだ。昔から意味もなく焦ってばかりの人生だった。誰かと食事に行っても、僕だけあっという間に食べ終わってしまう。渋谷スクランブル交差点を渡る時は、人混みの隙間を掻き分けるのが得意だ。朝起きてから夜が来るまで急いで行動しているため、毎晩ベッドに潜り込んでから時間を持て余すのだ。

「あれ、なんのために今日も焦って生きてきたんだっけ？」

と疑問に思いながら天井を見つめていた。

運の悪いことに通路はちょうど突き当たりに来ていて、右か左かの分かれ道になっていた。若干パニックに陥っていた僕は、5分ほどその場でウロチョロした。まるで童話「ウサギとカメ」のように、先頭だった僕を後続の客がどんどん追い抜いていく。すると、機内で前の座席に座っていた日本人の母娘を発見。すぐに小判鮫に戻って彼女たちの背後に張りつくことにした。おかげで入国審査場の行列に並ぶことができた。途中2人が小さな口喧嘩を始めた時には、

「頼むから仲直りしてくれ」

と心から祈った。2人が揉めて別行動をしようものなら、どちらの小判鮫になるべきか悩まなくてはならない。口論の行方を背後で見守りながら、なんとか無事に審査場も通過して手荷物受取所まで辿り着くことに成功した。心の中で感謝と別れを告げ、母娘の元をそっと離れた。ベルトコンベアからは、拍子抜けするほどすんなり僕のリュックサックが運ばれてきた。いよいよバンコクの外気が待ち受ける7番出口へと向かった。

今夜の宿があるカオサン通りまでは直通のバスで行けるらしい。この行程だけは頭に叩き込んできたので、すぐにバス停を発見した。僕と同じ大きなリュックサックを背負ったバックパッカーが数名、列をなすわけでもなく看板の近くに散らばっていた。ベンチが一つ空いていたので腰かけた。看板には「NEXT BUS 17：00」と書かれている。あと5分だ。時間になってもバスは来ない。10分。20分。30分が経った。来る気配は一向にない。周りのバッ

クパッカーに少しも焦る様子がないので、こちらも不思議と焦りはない。

暇潰しに、リュックサックから小説を抜き取ろうとファスナーに手をかけた瞬間、気づいてしまった。この旅最初のなくし物。「速乾タオル4種」だ。1週間前、バックパッカーの有識者とお茶をする機会をもらった。彼は長期にわたってヨーロッパを一人で旅した経験から、さまざまなアドバイスをくれた。そんな彼のお墨つきアイテムが、「速乾タオル4種」だった。

「日本製は乾きやすくて軽いので便利ですよ」

僕はその日の帰りにすぐさま購入した。出発前夜の荷造りで、「速乾タオル4種」はリュックサックに収まり切らず、外のフックにカラビナでケースごとぶら下げることにした。それが見事になくなっていた。よく見ると引きちぎられた痕跡がある。しょんぼりしているところに、バスが滑り込んできた。予定時刻から1時間以上も経過していた。遅刻を悪びれる様子のないボーイに荷物を預け、不機嫌そうな運転手がハンドルを握る車内へと乗り込んだ。

カオサン通りには19時過ぎに到着した。下調べを一切せず、「バックパッカーの聖地」という響きに惹かれて来てしまったため、お店の数と通行人の多さに驚いた。縁日のような賑わいだ。煌《きら》びやかなイルミネーションに照らされたカオサンは、いくつかのストリートや裏路地に枝分かれしながら区画されており、レストラン、屋台、土産物屋がひしめき合うように連なっていた。歩いているだけで、いろんな商売人が声をかけてくる。ショーウィンドウに映る自分の姿は、見るからにグズでドジな観光客といった風体だ。格好のカモのような気がしてきた。

怯えを隠しながらクールを装って、「NO！」と言って回った。一見したら日本にもありそうな歓楽街だが、至るところで葉っぱのマークに「CANNABIS」（カンナビス＝大麻）と書かれた緑の看板を見かける。ウブな僕は店の前を通るだけで心底ビビってしまった。

「やはり、ここは日本じゃないぞ」

と心を引き締め直した。

メインストリートで一番安全そうなレストランを選んでテラス席に腰かけた。昼過ぎに機内食を食べてから何も腹に入れていないのだ。コーラとカオマンガイを注文した。待っている間、横の席の男２人が吹かすタバコから、嗅いだことのない臭《にお》いの煙が鼻腔に侵入してきた。たちまち気分が悪くなった。少しずつ増幅していた不安は恐怖へと変わり、食欲は消え失せた。店員に注文のキャンセルも告げず、逃げるように店を飛び出した。

10分ほどで今夜の宿に着いた。玄関のドアが開かないので苦戦していると、中から宿泊客らしき男の子が開けてくれた。ロビーにはテレビがあり、彼は友達とソファで映画を見ながら談笑していた。チェックインカウンターには誰もいなかったので、ベルを鳴らしてみた。何度鳴らしても応答がない。その間、各国のバックパッカーがロビーを出たり入ったりしていて、その往来を眺めながら定期的にベルを鳴らして待った。

30分後、ようやくスタッフの女の子が降りてきて、部屋に案内してくれた。僕の部屋は、角部屋の隅に設置してある2段ベッドの上段だった。備えつけのカーテンを閉じれば、一人部屋みたいなものだ。

荷物を解いていると、隣のベッドのカーテンがサッと開いて、ブロンドの女の子が顔を出した。僕に向かって、

「ヘロウ」

と言った。はだけた胸元とボディラインがくっきりわかるキャミソールだった。咄嗟《とっさ》に小声で、

「ヘロウ」

とだけ返した。僕の頬は真っ赤に染まった。「ヘロウ」なんて3文字、口にしたことがなかった。

初めての共同宿生活が始まった。これから他人に、それも外国人に囲まれて夜を過ごしていけるのだろうか。そんな不安を抱えながら、荷物を整理した。まずは風呂に入らなくてはならない。僕は重度の潔癖症だ。電車では吊り革を決して握らず、エレベーターのボタンは小指の爪で押し、携帯電話の画面は毎日アルコール消毒をする。どんなに眠くても、シャワーで身体を綺麗にしてからじゃないと眠れない。

部屋を出て、シャワー室に向かう。階段を降りている最中、ふと気づいてしまった。

「あ、タオルがない」

絶望的な伏線回収にうなだれながら、いったん部屋に戻ってタオル代わりになる衣服を探すことにした。

「オゥ……アァ……ン」

自分のベッドのカーテンを開けようとすると、中から女の喘《あえ》ぎ声が聞こえてくるではないか。耳を澄ますと男の呻《うめ》き声もわずかに聞こえる。理解が追いつかないまま共同部屋を出て彷徨《さまよ》った結果、僕がフロアを間違えていたことが判明した。危うく他人の情事を邪魔するところだった。自らの愚かさに呆れると同時に、その瞬間すべてがどうでもよくなった。

「ダメだ、今日は俺の負けだ」

4階の自分のベッドに戻ってカーテンを乱暴に閉めて、ぶっ倒れた。こうして極度の潔癖症男は、人生で初めて服もそのまま、風呂も入らず歯も磨かずに寝た。

僕がカオサン通りにやって来て強烈に求めたのは、美味しいタイ料理でもなければ、カンナビスの葉っぱでも、美しい女でもない。「速乾タオル4種」だった。

3月2日　初めての過呼吸

ガサゴソ、ガサゴソ……。共同部屋に響く早起きしたバックパッカーたちの準備する音で、夢から現実へと引きずり戻された。ここは、カオサン通りの裏路地にある安宿。夜中に何度も目を覚ましたが、なんとか朝を迎えた。とにかくシャワーを浴びて歯を磨きたかった。2段ベッドの上から恐る恐る降りると、昨晩のブロンド美女が、ちょうど出発するところだった。彼女は振り返って、

「バイー」

と小声で言った。微笑み返すことしかできなかった。1階まで階段を降りると、バックパ

ッカーが脱ぎ捨てた多種多様なスニーカーがぐちゃぐちゃに散らばっていた。こっちは右を向き、そっちはひっくり返り、別々の靴が重なり合ったりもしていた。僕はトランプの神経衰弱をするように自分の靴の右と左を探し始めた。蒸れた足のすえた臭いが立ち込めている。鼻をつまみながら、なんとか自分のスニーカーのペアを見つけることができた。改めて眺めてみると、僕のシューズだけピカピカの真っ白で恥ずかしくなった。出発直前に日本で買ったばかりの新品だ。

「いずれは、お前も汚れて立派なバックパッカーシューズになってくれ」

と踵《かかと》を鳴らして、バンコクの街へと出た。

最初にやるべきことはタオルの購入だ。コンビニを探し当て、無事にタオルを2枚購入した。宿に戻ってから熱いシャワーを浴びて歯を磨いた。幾分、身も心もスッキリしたら、今度は腹が減ってきた。昨日の昼から何も食べていない。チェックアウトしてから荷物を背負ってあてもなく歩き、美味そうな飯屋を一軒見つけた。オープンは朝9時と書いてあったのでもう少し散歩することにした。

近くを流れる川のそばに、カフェと書かれた看板を見つけた。リバーサイドのテラス席を陣取って、氷抜きのアイスコーヒーを注文した。水道水で作られた氷だとお腹を壊す場合が

靴を履くには靴置き場を素足で歩かなくてはならない。
潔癖症には耐えられない……。

気弱なバックパッカーシューズ。

あるらしい。気持ちのいい一日の始まりといきたいが、近くで見るとこの川、凄く汚れている。下水の臭いがする。妙にデカイ淡水魚が泳いでいる。ヌポンと音を立てて気味の悪いグレーの鱗を見せつけてから、また潜っていく。

店員が烏龍茶のような色をしたコーヒーを運んできた。ストローを差して吸い込むと、味はしなかった。どう考えても味のしない烏龍茶だった。

川上からカラスと思しき黒い鳥の死体が川下に向かってゆっくり流れていった。

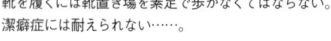

「よし、出よう」

再度目当ての飯屋に移動して、店先で開くのを待った。中に入ると、店内は涼しくて清潔だった。メニューに載っているガッパオの写真を指差して注文した。運ばれてきたのは、写真とはかけ離れ

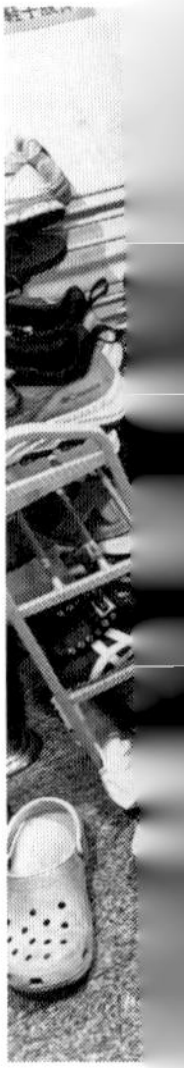

た食べ物だった。目玉焼きものっていないし、スパイシーな豚肉の姿はなく、ただの野菜炒めのようだ。写真と一致していたのは白いご飯だけだった。意外にもガッパオならぬ「野菜炒め定食」は、美味しかった。完食してお会計をしようと席を立つと、別のテーブルにいた汗だくの男から、

「日本人ですか？」

と聞かれた。彼も日本人だったが、目つきと汗の量が尋常じゃなかったので、「ＮＯ」と嘘をついて店を後にした。「日本人ですか？」という日本語を理解している時点で、僕の嘘はバレバレだった気がする。

特にやるべきことも見つからず、寺院を巡ることにした。地図を見ながら大通り沿いを歩いている時のことだった。僕は気づいてしまった。リュックサックがとてつもなく重い。これまでは目の前の出来事に精一杯で気にもしていなかったが、旅をするにはあまりにも非現実的な重量だった。一度気づいてしまうと、もう15分も歩くことができない。巨大な涅槃像の前でも、皆が厳粛な空気に包まれる中、僕だけヒーヒー言っていた。祈りを捧げるどころか、汗だくで木陰とベンチばかり探していた。飯屋で会った日本人を汗の量で足蹴にしてし

まったことを後悔した。気温と日差しも影響しているのかもしれない。どんどん暑くなっている。

先々のことを考えると、リュックサックの中身をいくつか減らさなくてはならないようだ。寺院から出て、道端で荷物を広げて、［Tシャツ3枚、半ズボン1枚、トランクス2枚、洗顔料、シャンプー2本、S字フック5個、マスク30枚、携帯ウォシュレット、ヘアワックス、友人からの寄せ書き］を手放すことにした。安心と引き換えに身軽さを選んだ。それにしても、なぜヘアワックスなんて持ってきたのか。誰にカッコつけるつもりだったのだろう。

午後はバスとトゥクトゥク（タイの三輪自動車タクシー）と電車をあくせくと乗り継いで、ワットマンコンに出向いた。奇遇にも、かつて仕事でお世話になった写真家・藤原江理奈さんがいるとのことで、写真を撮ってもらう約束をしていたのだ。駅前の雑踏で藤原さんの姿を見つけた。ここまで辿り着いたことを藤原さんは褒めてくれた。

昨日よりは少し強くなれたつもりでいたが、藤原さんの顔を見るなり僕のメンタルは突如崩壊し始めた。知り合いに会えた安堵で、張り詰めていた糸が切れたのか、強烈な不安感と閉塞感が襲ってきた。おすすめの麺屋に連れていってもらったが、麺が喉を通らない。荷物は軽くなったはずなのに、なぜか汗が噴き出て止まらない。生々しい「帰りたい」という感覚が身体中を駆けずり回る。呼吸がうまくできない。手足に力がうまく入らない。

それは今この瞬間の苦しみや寂しさからではなく、これから訪れる未来に対する圧倒的な恐怖だった。旅をどうやり遂げるかではなく、ここで旅を中断してどうやって帰るかということばかりが頭の中で渦巻く。そして、帰ることさえ今の僕には不可能なのではないか、という気がしてならなかった。旅を終えることも、中断することもできない。ここで、ただこのドロッとした嫌悪感に耐えながら、野垂れ死ぬのではないか。そもそも旅に出たこと自体が失敗だったのだ。

「僕には旅をやり切ることはできない」

そう確信した時、僕は過呼吸に陥っていた。息の仕方など人生で考えたことがなかった。今はそれがわからない。写真を撮ってもらうことを忘れ、全神経を呼吸することだけに集中させた。

「ヒッヒッフゥー、ヒッヒッフゥー」

前に姉から聞いた出産の呼吸法を繰り返していた。これが正しいのかも定かではない。ちゃんと姉の話を聞いておけばよかった。

藤原さんは、そんな様子のおかしい僕をそばで優しく励まし続けてくれた。チャイナ街に

夕日が差していた。人混みの中で、のたうち回る感情が今度は一転して、

「もうどうにでもなっちまえ！」

と怒りの色に染まっていた。喜怒哀楽はぐちゃぐちゃ。少し離れたところで藤原さんはシャッターを切り始めている。呼吸は苦しいままだった。撮影を終えた彼女に写真を撮ってくれたお礼を伝え、駅でお別れした。

帰り道、僕は今晩の宿を探しながら、一人でずっと喋っていた。というより、目に映るあらゆる森羅万象に怒り続けていた。駅直結のビルを彷徨いながら、

「出口はどこや！　どこや！」

と大きめの独り言を叫んだり、巨大なポスターで笑顔を振りまく現地の有名人らしき人物に向かって、「誰だオマエは！」とツッコミを入れたりした時には、いよいよだなと思った。

2日目の僕はどう考えてもおかしかった。

旅嫌いな僕が旅に出た理由は、先輩ミュージシャンの山口一郎さんに起因している。僕のバンドのプロデューサーとして、長年お世話になっている方である。あれは旅に出る少し前の出来事だ。僕はメンバーと何度も話し合いを重ねた末に、バンドを解散させることになった。

真っ先にその意向をプロデューサーに伝えなくてはならず、一郎さんが待つ名古屋のライブ会場まで足を運ぶことにした。一人で新幹線に揺られる僕の心は、重苦しかった。昔から、僕のミュージシャンとしての活躍を期待してくれて、何かと応援してくれた一郎さん。そんな彼に解散を伝えることは忍びなかった。振り返るとウジウジしてばかりでなかなかブレークしない僕に、いつも愛ある厳しい言葉で叱咤激励をしてくれた。

「お前は、いつか絶対成功する」

これが激励の最後を締めくくる彼の口癖だった。対して自己肯定感の低い僕は、「本当かなぁ」とその言葉も自分自身のことも信じないまま、申し訳なさそうに、

「ありがとうございます」

と返事をしていた。

今回ばかりは、とうとう呆れられてしまうのではないか。これまで費やしてもらった時間

と労力と金額を考えると、最悪の場合、怒鳴られてしまうのではないか。そうなってもしょうがないと諦め切った僕の表情が、東京名古屋間の車窓に映っていた。

会場に着くなり、楽屋を訪ねた。本番前は、さすがに報告はやめておこう。終演後にちゃんとお伝えしようと決めて、ドアをノックした。中に入ると、メイク中の一郎さんと鏡越しに目が合った。僕が挨拶をしようとするや否や、

「で、用件はなんだ？」

と聞かれてしまった。焦った僕は、思わず本題を口にしてしまった。

「あの、バンドを解散することになりまして……」

一瞬の沈黙もなく一郎さんは予想外の言葉を口にした。

「よし、カトマンズに行け！」

「カ、カトマンズ!?」

当然、理解が追いつかなかった。何それ、どこ？　困惑している僕に彼は畳みかける。

「若い頃、俺が音楽で悩んでいた時に先輩ミュージシャンから勧められたんだけど、忙しくて行けなかったんだ。お前が代わりに行ってくれ！」

彼は世界地図をスマホの画面に映し出し、カトマンズの場所を調べ始めた。何かの間違い

だと思い、改めて僕は言った。

「あの、バンドが解散することになったんです」

「うん。お疲れ。俺も力になれなくてごめんな。で、いつから行く？　金は俺が出す」

理解不能な話の流れに僕が咄嗟に取った行動は、一旦受け入れて彼が忘れるのを待つという作戦だった。どうせ、行くわけがない。僕が行けるわけがない。

「わかりました」

とテキトーに返事をして、ライブの時間が来たのをいいことに客席へと逃げた。終演後、打ち上げに参加した僕の正面に座った一郎さんは、残念ながらその話を忘れていなかった。終始カトマンズ行きの話を続けた。その時の会話を僕は明確に覚えている。

「お前は東京出身のぼっちゃんだ。大きい成功も大きい失敗も経験していない。つまり、狭い幅でしか生きてこなかったんだ。世界はお前の知らないことで溢れている。未知の場所に飛び出して、いろんな景色と人を見てこい。広い世界をその目で定点観測する必要がある。たくさんの人間と出会い、自分がいかに特別であるか、自分にしかできないことは何か、一人旅で見つけてこい」

聞き流していたはずの僕も少しずつ耳を傾け始めていた。とはいえ、こう返事をした。

「ちょっと考えてみます。でも行くにせよ、自分の金で行きます。そうさせてください」

するとと、一郎さんはこう続けた。

「自分の金で旅に出るな。どうせ自分で行くとなったら、お前はアメリカとかヨーロッパとか自分の興味がある場所に行って、好きなことだけするだろう。それじゃ意味がないんだ。人の金で、行きたくないところに飛ばされるべきなんだ。俺の代わりにカトマンズを目指してほしい。2カ月間。どのルートで行ってもいい。旅に出ることも俺が金を出すことも誰にも言わなくていい。勝手に一人で行って、心に記録してこい」

一郎さんは、生き生きとした少年の目をしていた。夏休みに友達と遠出して遊ぶ計画を立てているようだった。

数日後、僕の銀行口座に一郎さんから旅の資金がドンと振り込まれていた。どうやら本当に行くしかないようだ。こうして、僕はお世話になった先輩から背中を押されるどころか、蹴られるような衝撃でもって、大好きな日本を追い出されたのである。バンドを解散したのが、2月22日。感傷に浸る暇もないまま、3月1日。エイプリルフールを待たずして、この嘘みたいな旅嫌いの旅が始まったのだった。

そして3日目を迎えた。つくづく旅に向いていないと感じる。異国の地でも、神経質な性格は相変わらずのままだ。当たり前のことができなくて凹んだり、予定通り進まなくてイライラしたり。日本では得意としている交通機関の乗り換えにことごとく失敗するし、安宿の不衛生なシャワーでは身体を入念に擦《こす》っても清潔になった気がしない。他の人なら同じルートでもきっと快適に楽しめるはずだ。そう思うと余計に落ち込んでくる。

旅に出る前、あらかじめバンコクからカンボジア行きの航空券だけは購入していた。手元の航空券に記載されている出発日まで、あと2日あった。ところがバンコクで丸2日過ごして、早くもクラクションにまみれた渋滞都市に疲弊し切っていた。一刻も早くこの地を離れたい一心で、地図を広げる。2日後にはバンコクに戻ってこなくてはならないので、遠くへは行けない。せめてこの喧騒だけでも忘れさせてほしい。そんな場所が果たしてあるのかと藁にもすがる思いで、地図を隅から隅まで調べた。すると、バンコクからそう遠くない位置にサメットという離島が目に留まった。

朝8時に宿を出て、バスターミナルに向かった。バスに乗り込むと、がらんとした車内にすでに6人ほど乗っていて、誰もがバックパッカーだった。通路を挟んで隣の2人がけの席には、女の子2人組。友達同士で盛り上がる、というよりも手を繋ぎながら静かに囁《ささや》き合う彼女たちは、どうやら恋人同士なのだとわかった。4時間ほどゆっくりと都会から離れていく車窓を眺めながら、そんな人間観察をして過ごした。

港に着き、フェリー乗り場の窓口でサメット島に行きたい旨を伝えると、2種類の切符があると教えられた。値段が安くてのんびり向かう船と、高いけど猛スピードで進む船があった。僕は何も考えず「スピードボート」のほうを指差していた。購入してからとても後悔した。島に30分早く着いたからってなんになるというのだ。誰も僕を待っていないし、予定もない。そんなことにも気づかない愚かさが歯痒かった。無意味にハイスピードでサメット島へ運ばれている我が姿は、東京の自分を思い起こさせた。今までの人生もこうして先を急いで生きてきたけれど、誰も待っていないし、取り立てて急ぐべきことなどなかったのではないか。ライフジャケットに身を包みながら、手すりにしがみつく。旅は嫌いだ。自分の嫌いなところばかりが目につく。

正午。ボートは船着場に錨《いかり》を下ろして乗客を島に上がらせると、すぐさま帰りの客を乗せて、もの凄いスピードで本土に戻っていった。サメットは、綺麗な海も森もあって豊かな自然に囲まれているが、リゾート化していない印象を受けた。日本でいうところの、バブルの時に栄えて今は廃れた観光地のようだ。懐かしささえ感じる野暮ったいフェリー乗り場から

15分ほど歩くと、こぢんまりとした食堂があった。トムヤムクンとパイナップルライスとコーラを注文した。とても美味しかったが、半分残してしまった。

　食堂の前がビーチだったので行ってみた。欧米人3人組が、波打ち際で半身を海に浸しながら瓶ビールを飲んでいた。広い砂浜には、他に誰も見当たらなかった。僕は財布とパスポートの入ったポーチと重たいリュックサックを投げ捨て、下着一枚になって海に飛び込んだ。パシャパシャと一人ぼっちではしゃぐアジア人を見て、先ほどの3人組が笑っているような気がした。なんだか虚しくなってすぐに出た。海水まみれの髪の毛と身体を拭きもせず、砂まみれのスニーカーを履いて、木陰で波の音を聴いた。

　昼過ぎからは島を探索することにした。どうやら主な移動手段はバイクのようだ。表通りに立ち並ぶレンタルバイク屋のうち、最も人の好さそうなニイチャンの店に入った。自動二輪の免許を取得している僕は、自信満々で免許証を提示した。

「そんなものはいらないよ」

　とニイチャンは笑いながら言った。その代わりにパスポートを預けてほしいと言われた。戸惑いながらパスポートと代金を渡して、バイクを一台選んだ。

「ヘルメットはどこ？」

と聞くと、またニイチャンは笑いながら言った。

「そんなものはいらないよ」

そういえばこの島に来てから、ヘルメットを被って運転している人を見かけていなかった。現地の人はもちろんのこと、旅行客でさえノーヘルで走り回っていた。中には一台に3人乗りする姿まで見かけた。信号はない。そうか、なんでもありか。僕が日本でバイクの免許を取得したのは16歳の時で、自動車学校で筆記も実技も成績がよくて教官に褒められた。そんな優等生の僕に備わった日本の道路交通法は、この島では一切通用しないようだ。

とりあえず南西に向かうことにした。太陽も少し傾いてきた頃合いだったので、うまくいけば海に沈む夕日を眺められるかもしれない。人のいない田舎道をバイクで風を感じながら走るのはとても気持ちよかったし、なんだか悪さをしているみたいでドキドキした。思春期にグレたことのなかった僕は、ノーヘルでバイクを飛ばすカタルシスを大人になってから知ってしまった。

40分ほどで南西の終着点にぶつかった。バイクを停めて近くの岬まで少し歩くと、島の最西端の崖から、タイランド湾が一望できた。人は誰もいなかった。小さなベンチに腰かけ、夕日が水平線に沈むまで僕はそこを離れなかった。何をするでもなく、ただ眺め続けた。一日の終わりに、少しずつこの世界を自分の色に染めていく太陽。僕の頬も、崖下の白波も、風の切れ目も、すべて同じ色になった。東京では夕日をじっと眺めるなんて考えられないが、今の僕にはしっくりきた。なぜなのかはわからない。その夕日は僕がここで眺める日をずっと待っていたかのようだった。

波の音を聞きながら、思考は古ぼけたレコードプレイヤーのようにゆっくりと回転し始めた。今夜の宿さえ決めていない僕が未来について考えを巡らせるのはあまり意味がない気がして、過去に想いを寄せた。

いつから僕は音楽を心から愛せなくなったのだろう。姉が飽きてしまったアコースティックギターを借りて、夢中で弾いた中学生時代。音楽を聴くのも大好きだった。この世にはたくさんのメロディと言葉があって、その組み合わせは僕に無限の彼方を見せてくれた。時代もジャンルも問わず、世界中の音楽を聴きまくった。悶々《もんもん》とした心を落ち着かせてくれるものや、失恋を涙で洗い流してくれるもの、中には僕を暴れさせるような刺激的な音楽もあった。

30歳になった時にはすっかり変わってしまっていた。音楽は、僕に語りかけなくなっていた。いや、僕が彼らに耳を貸さなくなったとも言える。生業《なりわい》にしてしまったのもよくなかったのかもしれない。何かと仕事のように感じてしまい、音楽に触れるたびに「吸収しなくては」という感情が先に湧いて苦痛だった。ツアーに出たり、年間100本を超えるライブスケジュールをこなしたりしていくうちに、この痛みは全身に侵食していった。

16歳の時、失恋をきっかけに、メロディを作って詩を乗せて自分で歌いたくなった。この気持ちを初恋のあの子に、誰かに、世界に、伝えたかった。心に湧いた衝動や寂しさはすべて音楽にしてしまえば救われた。ところが気づけば音楽自体が苦しみの源になっていた。もっと売れなきゃ、人に伝えなきゃという強迫観念にすり替わり、本当に歌いたいメロディ、詩がわからなくなっていた。もう15年もやったんだ。ミュージシャンとしてはここらで終わるべきではないのか、と感じている。心が踊らないのに、ステップを踏み続ける意味はあるのだろうか？　この鎖さえ解いてやれば、心から踊れる舞台が音楽以外の場所にあるのではないか。

景色を染める色は濃くなり、潮風が優しく僕を撫ぜていた。太陽がジュッと音を立てるように、海に沈んでいったのを見届けて我に返った。

「音楽のことを考えるのはよそう」

バイクを飛ばして、暮れていく離島を走った。無意識にTHE IMPRESSIONSの「PEOPLE

GET READY」を口ずさんでいた。カーティス・メイフィールドは歌う。

信じることが鍵さ
そしたら扉は開ける
さぁ乗り込もう

一体、何を信じればいいのだろう？　今の僕にはさっぱりわからない。元々お気に入りの歌だったが、旅に結びつけて聴いたことはなかった。単に、彼の優しく語りかけてくるような声が好きだったのだ。若い頃は眠れない夜とかに、よく聴いたっけ。誰もいない道路で歌うのは気持ちいい。コーラスは虫と鳥の鳴き声。客は道端に生い茂る雑木林。このメロディがこれから先の道中、僕のそばに寄り添ってくれるような気がしてきた。よし決めた、この歌を旅の御守りにしよう。

中心地と呼ぶにはうら寂しくて田舎臭いエリアのど真ん中に、今日の宿を見つけた。椰子が茂るバーや怪しげなマッサージ店の並びに、ヒッピー風なデザインの看板が立てかけてある。入り口はバーになっていて、厨房の奥に進むと一室だけ共同部屋があった。部屋にはいろんな方向に入り組んだ巣穴のようなベッドが壁に埋め込まれていて、蜂の巣みたいだ。一つ一つのベッド、すなわち巣穴にはそれぞれテーマがあるのか、アートペイントが施されていた。僕の巣穴の壁一面には、「Peace Love & Sandy Feet」と描かれている。

砂と潮風でベタついた身体を洗い流したかった。シャワー室の扉を開けると、目の前の洗面台に風呂上がりのオバサンが立っていた。バスローブからは大きな乳房がはみ出しそうだ。動揺を隠せない僕に、

「ソーリー」

と彼女は言った。こちらのほうこそ謝るべきなのに、頭を軽く下げて奥のシャワー室へ逃げ込んだ。

田舎の離島だけあって、水回りは汚かった。お湯は当たり前のように出ない。固形石鹸を髪の毛で泡立て、その泡を顔と全身に擦りつけてから冷たいシャワーで洗い流した。籠も棚もないのでTシャツと短パンは床に置いた。風呂上がりに着てみたら、びしょ濡れになっていた。

共同部屋に戻ると、数名のバックパッカーが眠るまでの時間を思い思いに過ごしていた。僕は巣穴に入って引き戸を閉めて、鼻先の天井を見上げた。時刻はまだ早かったが、ウトウトし始めた頃、下半身に違和感があった。ライトで照らしてみると、蕁麻《じんま》疹《しん》だった。内ももの皮膚が、大小さまざまな形でただれて浮き上がっているではないか。まるで世界地図のよ

うだ。元々ストレスが溜まると蕁麻疹が出やすい体質だが、ここまでケロイド状になるのは珍しいことだった。帰り道に買ったペットボトルを股間に挟んで患部を冷やしながら、なんとか眠りについた。

3月4日　バイクタクシーの恐怖

「ピースラブ……アンド……サンディフィート……平和と愛、砂だらけの足？」

寝ぼけ眼《まなこ》で壁の文字を読み上げた。そうだ、ここは東京のベッドじゃない。ため息混じりのあくびが出たが、蕁麻疹はすっかり治っていた。離島で過ごしたおかげなのか、旅への活力がみなぎってきた。芋虫のように巣穴から這いつくばって共同部屋を出る。今日はやるべきこ

痒いなんてもんじゃない。熱くてジンジンする。

巣穴の中は棺桶のような大きさの寝床。

とがたくさんある。

まず、カンボジア行きの航空券をキャンセルすることにした。特に理由はないが、陸路で目指してみたくなった。初っ端《しょぱな》から飛行機移動に慣れてしまうと、これから陸路を遠ざけてしまう気がした。挑戦しなくては、と奮い立ったのだ。早く新しい国に行きたかった。決してタイが悪いわけではない。むしろ少しずつ慣れてきたのが気になった。このままではどこにも行かず、ずっと過ごしてしまいそうだった。冒険に停滞やマンネリは禁物だ。

調べてみると、バンコクからカンボジア行きのバスを見つけた。飛行機に乗れば1時間で着くのだが、バスだと8時間かかる。それでも、僕の心は陸路で運ばれることを望んでいるようだ。日本で暮らしてきた僕は国境を知らない。この足で越えてみたい。さっそく、サメット島からバンコクに戻ることにした。

カンボジア行きのバスに乗るには、ビザ（入国許可証）が必要だ。戻った足でそのままバンコクにあるカンボジア大使館へと向かおう。バンコクに着いたのが、15時。車で30分の距離だったので、タクシーに乗ってみた。17時まで開いているらしく、間に合いそうだ。運転手は高速道路を使いたがった。何度も断るのだが、お構いなしで高速道路の乗り口へとタクシーは進んでいった。事前に交渉していた金額に高速代としてだいぶ上乗せされてしまったけれど、大使館に間に合えばいいやと納得することにした。

高速を降りると、とんでもない渋滞にハマった。結局1時間近くかかって、残り50メートルのところでぴたりと動かなくなった。タクシーを降りて歩くことにした。まだ大使館の閉館までは1時間ある。大丈夫だ。大使館は他の建物と違って大きな門扉が特徴的で、すぐに見つかった。入る前に道端で英語の練習をすることにした。自分が伝えたい内容に必要な英単語を調べ、入念にシミュレーションをした。準備が整ったので、門の横にある守衛室で元気よく伝えた。

「ビザの申請に来ました！」

するると、守衛が、

「フォオクロック、フォオクロック」

と繰り返す。なんのことかわからずポカーンとしていると、彼は不機嫌そうに看板を指差した。そこには、

「16時まで」

と書かれていた。時計を見ると、16時3分だった。膝から崩れ落ちそうになった。17時だと聞いていたのに。ぼったくられてまでタクシーに乗ったのに。さっき英語の練習をしなけ

れば間に合ったのに。そんなの酷《ひど》すぎる。いくら懇願してもダメだった。うつむいて大使館の前の通りを歩いた。今日も相変わらず、バンコクに夕日が差していた。

疲れ切っていた僕は、半ばヤケクソになっていた。危険が多いから利用しないほうがいいと聞いていたバイクタクシーを見かけ、運転手に声をかけた。オッチャンは、グイッとバイクの車体を回転させて、

「後ろに乗れ」

と無言で合図してきた。絶対に乗らないと決めていたのに、呆気《あっけ》なくそのルールを破ってしまった。ヘルメットも渡されずに、バイクは勢いよく車道へと飛び込んでいった。有象無象のバイク乗りが、混沌とした大渋滞の隙間を縫っていく。事故なんて起こり得ないと言わんばかりだ。オッチャンも失速を知らないハンドル捌《さば》きで、その群れに果敢に食らいついていく。僕は乗ったことを後悔する余裕もなく、彼の背中にしがみついていた。赤信号で、肩を握り締めている僕の手をポンポンと叩きながら、

「リラックス、リラックス」

とオッチャンが初めて喋った。吊り橋効果だろうか、彼を好きになりかけていた。見ず知らずのオッチャンに預けられた僕の命。メーターを覗くと、時速70キロのスピードで運ばれ

ていた。

バンコクの生ぬるい風の中、オッチャンの肩に滲《にじ》む汗と僕の手汗が、ゆっくりと混ざり合っていった。不思議と汚いとは感じなかった。彼の首筋の匂いや、けたたましいエンジン音が妙な安心感をもたらした。必死にしがみつかなくては、リュックサックもろとも振り落とされて即死だ。そう思うと、今この瞬間味わっている不快感すべてが生きている証《あかし》のように感じた。背中から頬を離して、空を見上げた。夕焼けに向かって、

「俺は今生きてるぞー！」

と叫びそうになったが、オッチャンがびっくりしてはいけないので我慢した。

3月5日　カンボジア大使館との小競り合い

今日こそカンボジア行きのビザを大使館からもぎ取らなくてはならない。早起きして、足早に宿をチェックアウトした。強気の姿勢で立ち向かわなければ、いつまで経ってもバンコクの迷路からは抜け出せないまま終わる気がする。

今日もまたバイクタクシーに乗ることにした。ジェットコースターのような感覚で、スリルと爽快感が病みつきになってしまった。昨日ほどの恐怖はそこにない。冷静に考えれば、値段はタクシーよりも安価で渋滞にハマることもなく、この国ではかなり有効な乗り物だった。後輪にある手すりを握ったら、簡単にバランスを取れるとわかった。未知なる世界に飛び込み、恐怖や失敗から学ぶことで、人は少しずつ成長していくのだ。

朝8時半ぴったりに、リベンジをかけた大使館前に到着した。8時半からだと聞いていたのにすでに門は開いていて、しかもかなり混み合っていた。なぜ、僕の裏をかくのがうまいのか。また話が違うじゃないか、と文句を言いそうになったがグッと堪《こら》えて、守衛にビザ申請で来た旨を伝えた。守衛は、

「リュックサックをここに置いていけ」

と指示した。防犯の関係なのか、大使館に手荷物の持ち込みは禁止らしい。それ自体はこちらとしても頷《うなず》ける対策なので了承するのだが、置く場所が納得できなかった。大使館の敷地外なのだ。人の往来と交通量も多い大通りの道端に置くことになる。守衛も守衛室に腰かけているので、地面は死角となっている。つまり、道端にリュックサックがただ転がっているだけの状態。どうぞご自由にお盗みください、と言っているようだ。リュックサックは、

バックパッカーにとって生活のすべてともいえるほど大事な存在。敷地内に置かせてくれと何度も頼んだが、許してはくれなかった。

仕方ないので、リュックサックを道端に転がして建物に入った。せっかく時間通り来たのに、すでに行列ができていて散々待たされた。ようやく順番が来て、パスポートと書類を渡すと、

「15時過ぎに来てくれ」

と言われた。ビザの取得に時間がかかるのは常識なのかもしれないが、こちらは情報に乏しい旅の素人だ。

「え、さらに待たされるの？」

と愕然《がくぜん》とした。

「ただカンボジアに行きたいだけだ。なんでこうも次から次へと俺に障壁を与えるのだ。犯罪歴もないし、武器だって持っていない。現地で働いて金を稼ごうなんて思っていないし、こっそり何かを持ち込んだり持ち去ったりするつもりもない。なんなら、日本に今すぐ帰りたい。そんな俺が勇気を振り絞って、あなたたちの国に行こうと頑張っている。ちょっとぐらい甘く見てくれ！」

心の中でお門違いな愚痴を吐いた。

しょうがないから外に出て、近くの飯屋に入った。ガッパオライスとコーラを頼んだ。この組み合わせばかり食べている。どこに行ってもメニューにあるし、不味いことがない。なんとも効率重視で食事を選んでいる。タイ料理を楽しもうという気概が自分から感じられない。つくづくつまらない旅人だと自覚しながら、残さず全部食べた。

カンボジア大使館の気まぐれを理解し始めていた僕は、15時過ぎに来いと言われていたのに、あえて14時に行ってみた。彼らのことだから、うまくいけば時間より早く行ってもビザをくれる気がした。予想は的中して、すんなりビザを渡してくれた。初めて彼らの裏をかけたような気がして嬉しかった。即座に翌日のカンボジア行き長距離バスの切符を手配した。無事にバンコクから抜け出す手筈が済んで、胸を撫で下ろした。

勝者の足取りで、国立公園の池で休憩したり、カフェで甘過ぎるラテを飲んだりした。斜め前の席で、日本人のサラリーマンが電話で商談をしていた。ビシッと決め込んだスーツ姿。人材派遣について打ち合わせている。いかにも仕事ができそうだ。久しぶりに聞く日本語に親近感が湧いた。おそらく年齢も僕と近い。話しかけたくてたまらなかったが、忙しそうなのでやめた。ロクに働きもせずにアジアを彷徨っているミュージシャンが、経済に貢献しているサラリーマンの邪魔をしてはいけないのだ。ビザを取得しただけで大喜びしていた自分があまりにちっぽけで、気後れしてしまった。この日、僕は「旅」の対義語は「出張」なのだと定義した。

明日も早いので、簡単に夕食を済ませ、バス停近くで見つけた安宿にチェックインした。各階に個室が３部屋ずつあって、ドアを開けると狭さに驚いた。２歩歩けば壁にぶつかる。そんなスペースにベッドとトイレと洗面所が強引に押し込まれていた。大きなリュックサックを床に置けばもう身動きは取れない。そして建物内のあらゆる音が部屋まで響いてきた。逆も然りなので、僕は静かに荷物を整理した。

ベッドに寝転んで首に出た蕁麻疹をポリポリと掻きながら、室内を眺めた。お姫様の寝室をモチーフにした壁紙やインテリアが、かえって安っぽさを醸し出していた。ラブホテルみたいな雰囲気のふざけた宿だった。もしくは、本当にラブホテルなのかもしれなかった。こうして1カ国目が、静かに安っぽく終わりを迎えようとしていた。

第2章 カンボジア

March 6-11, 2024

Cambodia

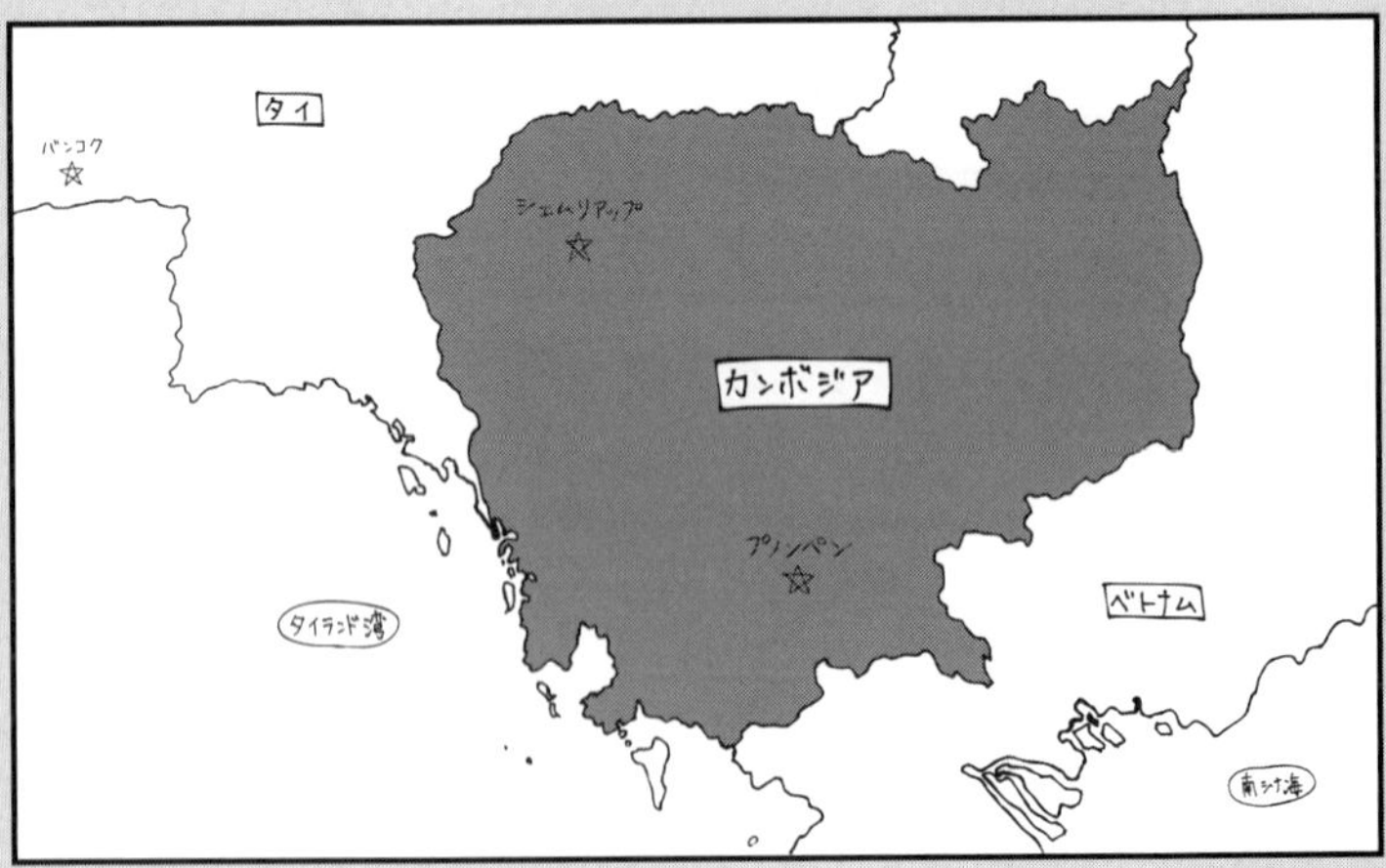
タイ
バンコク
シェムリアップ
カンボジア
プノンペン
タイランド湾
ベトナム
南シナ海

3月6日　シェムリアップで乾杯

タイを去る朝が来た。次の国に着いたらまたゼロからやり直さなくてはならない。乱れた呼吸を整え、ざわめく心を落ち着かせ、新しい環境に身体を適応させていく。陸路での国境越えも待っている。想像しただけで、歯を磨きながら「ウッ」とえずいてしまった。

早朝6時半のカオサン通り。眠気と憂鬱の区別もつかないほど重たい足取りで、バス停までの道のりを歩いた。薄ぼんやりとした目抜き通りで、バス会社の看板を見つけた。中に入ると、小さなカウンターとベンチがいくつか置いてあるだけの質素なオフィスだ。

出発時刻の1時間前に着いていたので、手続きを済ませても出発まで充分に時間が余っていた。ベンチに腰をかけて、うつらうつらと頭を揺らしていると、斜め上の角度から日本語が降ってきた。

「日本人ですか？」

不意を突かれ、意味を理解するまで数秒を要した。声の方向を見上げると、20代前半くらいの青年が立っている。彼は背負っていた小さなリュックサックをコンパクトなスーツケースの上にポンと置いて、僕の隣に腰を下ろした。

「日本人です」

と寝ぼけながら答えた僕に対して、彼は爽やかに言った。

「僕もです。僕もカンボジアに行くんです」

バスが来るまでの30分を使って、ざっとお互いの自己紹介をした。彼は僕の8つ下で24歳。こちらの年齢を教えると、すぐに職業を聞かれた。三十路を越えたバックパッカーの素性が気になるのだろう。ミュージシャンであることを正直に答えた。当然、僕のことなんてちっとも知らない様子。

「勉強不足ですみません」

と謝られたが、どう考えても僕の知名度の低さに問題があるので、こちらこそ申し訳ない気持ちになった。何はともあれ、異国の地で日本人同士が出会ってから気を許し合うまで時間はかからない。目的地に着いたら食事をしようと約束して、バスに乗り込み、それぞれ自分の座席についた。

はるばるカンボジアに向かってバスは走る。車窓を眺めたり、眠ってみたりを繰り返した。景色は都会から田舎へと変わっていき、見かけるのが人間よりも牛のほうが多くなっていった。空には雲の切れ端、遠くに山々、どこまでも広がっていく田園。バンドのライブツアーを思い出した。ワゴンにメンバーと機材がギチギチに乗り込み、日本各地を駆けずり回った。車窓からの風景はそっくりだった。このまま昔みたいに仲間と東名高速の渋滞に文句を言いながら、町田を抜けて東京インターに着いたりしないだろうか。

国境沿いの町でバスは停車した。ボーイが一部の乗客からパスポートを回収し始めた。僕のパスポートに関してはペラペラとめくってビザが貼られているのを確認すると、受け取らずにバスを降りていった。40分ほどで戻ってきたボーイから、パスポートを預けた客にビザが配られた。どうやら事前にビザを申請する必要はなかったようだ。僕と大使館の２日間に及んだ戦いはなんだったのか。

再び出発したバスは10分ほどでまた停車し、今度は乗客全員を降ろした。目線の先に、物々しい壁のような建物が見えてきた。経験がなくても、それが国境の関所だということがわかった。長蛇の列に並び、手続きを待つ。

混み合っているわりには、審査官の人数は少なくてやる気も感じられなかった。効率よく働くという概念がないのだろう。窓口を勝手に閉めて居眠りをしているヤツ、カウンター越しに同僚と世間話をしているヤツ。列の後方からそんな仕事ぶりを眺めながら、もどかしい気持ちになった。飛行機の何倍も時間がかかる陸路を選んでいるのだから、急いでも意味がないのに、苛立《いらだ》ちが止まらなくなった。周りのバックパッカーは、そんなことを気にも留めずのんびりと待ち呆けている。僕だけが仁王立ちで貧乏揺すりをしていた。

パスポートとビザの確認、顔の認証、指紋採取。同じ関所内であっても、タイ側とカンボジア側で管轄が変わるので、2度も同じ手続きを踏むことになった。ようやく関所から出られた時、地面の砂利の感触がカンボジアの国土に入ったことを教えてくれた。初めて国境を足で跨《また》いだことになる。手続きの煩《わずら》わしさに気が散って、感動はなかった。むしろ手順が面倒なわりに味気なかった。

見上げた空に、3羽の鳥が悠々と国境を越えてカンボジアへ羽ばたいていくのが見えた。どうして、人間はただ線を跨ぐだけなのにこんなにも煩わしいのだろう。羽ばたく彼らにはパスポートもビザも指紋採取も必要ない。人間は面倒臭い生き物だ。鳥たちが小さくなるのを見届けてから、バスに乗り込んだ。

バスはまた走った。アンコールワットで有名な町シェムリアップには夕暮れ前に到着した。18時。オールドマーケットと書かれた大きな看板を目印に、パブストリートのレストランで、今朝出会った日本人の彼と待ち合わせをした。テラス席に座って人の往来を眺めていると、彼は人混みからヒョコッと顔を出した。早速、ビールで乾杯。ジョッキが合わさる音と同時に、まだ出会って数時間足らずであることの照れ臭さが漂った。お互いのことを何も知らないのだ。

会話のきっかけが見つからない僕らは、料理のオーダーで盛り上がることにした。好きなものをなんでも食べようと決めて、豚のリブとマルゲリータのピザと肉の煮込み、フライドポテトを頼んだ。明らかに頼み過ぎた料理を２人で遠慮し合いながら口に運び、それぞれの話をした。彼はヤマダくんといい、横浜出身の24歳。先日理工学部の大学院を卒業したばかりで、社会人１年目が始まる４月までの休みを利用して一人旅に来ていた。就職先はコンサル系の企業で、ゆくゆくはＡＩを使ったビジネスに携わるとのことだった。就職活動さえしたことのない僕には知ったかぶりがやっとな単語ばかりだったが、彼が優秀であるということだけは理解できた。長距離移動の時間を利用して、僕のことを調べてくれていて、

「名のある方とこうして食事ができて嬉しいです」

と僕が一度も発したことのないような丁寧な言葉を口にした。お世辞っぽい言い方をしてくれたなら、こちらもそれっぽい相槌を打って聞き流すこともできたのだが、あまりにもそう感じさせない混じりっ気のない笑顔で彼は言った。その純粋さゆえに、僕はなんだかとても不甲斐ない気持ちになってしまった。思わず、

「いや、本当は何がしたいのかもわからなくなってしまって、旅をしているんだよ……」

と本音を漏らしそうになった。本当の僕は名のある方なんかじゃない。有名になりたかったのになれなかったアジアを彷徨う32歳の迷子だ。さすがに初対面でヘヴィな悩みを打ち明けるのは前途洋々な彼に忍びなく、

「そんなことないよ」

という一言で、その話題を終わらせてしまった。これから会社に勤めて、さまざまな形で社会に貢献していく彼のほうがよっぽど大人に見えた。ヤマダくんは僕の作った楽曲も聴いてくれたらしく、

「ラブソングってやっぱり実体験から生まれるものですか？」

とリブを齧《かじ》りながら質問をしてきた。僕は2杯目に飲んでいた「トゥームレイダー」という名前のカクテルを口から吹き出しそうになってむせた。雑誌のインタビューで聞かれるようなことをシェムリアップのテラス席で答えることになるとは。今までならミュージシャン気取りでスラスラ語ってきたはずなのに、何も言葉が出ない。ただ顔が熱くなって、声が出にくくなった。

「ラブソングなんて俺作ったことあるっけ？　というか、俺ってミュージシャンだったんだ

よな？」

そんな疑問ばかりが浮かんだ。

「うん、いろいろかな」とだけ捻《ひね》り出して、早々に話を変えた。

「このお酒、この街が映画の『トゥームレイダー』の舞台になったからじゃない？」

「あ、そうかもしれないですね」

「ヤマダくんも飲んでみたら？」

なんて会話が続いた。

すっかり日も暮れて、メインストリートにはさらに多くの観光客が集まってきた。お腹いっぱいになったところで、お開きとなった。レジ係が持ってきたレシートを見ると結構な額が記載されていた。せめてお会計ぐらいは先輩としてかっこいいところを見せなくては、と見栄を張って奢ることにしてしまった。もちろん一郎さんのお金で。

「出世払いします！」

と彼は言った。この一言は僕の胸にズキッと刺さった。

「5月には日本に帰るから、東京でまた会おうね」

と僕が提案すると、彼は言った。

「はい！　その頃には新生活1カ月目でいろいろとバタバタしてるかもしれませんが、ぜひ会いたいです。ありがとうございました、お元気で！」

彼の背中が雑踏に消えるまで眺めた。5月。新生活1カ月目……。ヤマダくんはこれからスーツを用意して入社式を終えて晴れて社会人となる。新しい環境で揉まれながらメキメキ成長して、ちょうど仕事にも慣れてきた頃が5月。その間、僕はアジア大陸を一人で彷徨い続け、働きもせずに日本社会から切り離されていくバックパッカー。

トボトボと激安ドミトリーへと歩きながら思った。

「俺こそ出世払いしろよバカ」

3月7日　アンコールワットで貧乏揺すり

「遺跡で夕日を眺めよう」ツアーなんて申し込むんじゃなかった。旅行と旅をごっちゃにしてはいけなかったのだ。僕は曲がりなりにも旅人だ。それもだいぶややこしいタイプのバックパッカー。イライラとクヨクヨだらけの僕に名所を楽しむ度量などなかったのだ。

朝8時に出発して、一日かけてシェムリアップの遺跡を6カ所ほど巡ることになった。一応、世界遺産をこの目で見ておこうと、この旅で初めてツアーに参加した。ツアー費はお手頃だったが、アンコールパスと呼ばれる入場券を別で購入しなくてはならず、それがなかなかの値段だった。

この日の気温は38度。灼熱の太陽が降り注ぐ中、点在する荘厳な歴史的建造物を訪ねて回った。旅に出て1週間、観光客とバックパッカーをなんとなく見分けられるようになっていた僕は、このツアーが欧米からの観光客向けのものだと気づいた。バックパッカーとしての自負が芽生えてきたからか、若干居心地の悪さを感じていた。クーラーの効いた移動車。清潔で美味しいレストランでの昼食。丁寧な英語を喋るガイド。2カ所目で僕はもう飽きていた。１０００年の時を越えて今なお現存する遺跡は、僕に何も語りかけてこなかった。昨晩、繁華街で物乞いをしてきた裸足《はだし》の少年のほうが心情に訴えかけるものがあった。

昼過ぎには暑さと退屈で、頭がガンガンと痛み始めた。軽い熱中症だろうか。頭からグワングワンと音がして、ガイドの話が入ってこない。いくら水を飲んでも頭痛は解消されなかった。僕は灼熱のカンボジアで、あるはずのない水風呂を探した。シェムリアップの気候は、サウナだと思えば最高の体感温度だった。額の汗を拭いながら、東京で足繁く通っているサウナ施設を思い出した。あとはキンキンに冷えた水風呂さえあれば……。歩いても歩いても見つかるのは石畳の階段と崩れた城壁だけだった。

夕暮れ時、「遺跡で夕日を眺めよう」ツアーのメインイベントがやってきた。今日最後の遺跡だとガイドに告げられ、一番上まで登らされた。頂上に着くと、日没を見ようと観光客でごった返していた。暑さも少しだけ和らいできて、誰もが気持ちよさそうに西の方角を見つめていた。家族、恋人、友人、それぞれが仲睦まじく談笑したり、肩を組んで寄り添ったりしていた。一方で一人ぼっちの僕は、カンボジアの遺跡全体を揺らすほどの貧乏揺すりをしながら、太陽に向かって拝んでいた。

「早く沈め！　そして一刻も早くこのツアーから解放してくれ！」

無情にもゆっくりと時間は流れていった。夕日なんて今はちっとも見たくなかった。オレンジ色の燃える球体が、石の建物越しに沈んでなんになるというのだ。そもそもこの太陽によって、熱中症になり苦しんだのだ。誰が感動してやるものか、と最後は睨みつけた。

遺跡からの帰り道。同じツアーに参加していたドイツ出身の優しいお母さんに話しかけられた。

「あなたはどんな旅をするの？」

「２カ月かけてネパールのカトマンズを目指す。最終的にはインドまで行く」

と答えると、キャッと悲鳴を上げて心配された。

「インドは最高だけど、東南アジアの１００倍クレイジーよ。あなた本当に大丈夫？」

「ダメかもしれない」

と言う僕に、

「GOOD LUCK……」

と神妙な顔つきでお母さんは言った。

ようやくツアーが終わり、今夜の寝床を探した。昨日の宿もそうだったが、大半の安宿はプールつきのバーの奥にあった。目星をつけて中に入ると、大音量でクラブミュージックが鳴り響き、プールサイドではヨーロッパじゅうから集まった若者がパーティーをしていて、芋洗い状態だった。みんな酒と音楽にうつつを抜かしていた。

邪魔にならないようにコソコソと進むと、ひっそりと受付カウンターがあって、ウンザリした顔の従業員が待ち構えている。チェックインを済ませて扉を開けると、そこからが宿泊エリアだ。バタンと背後で扉が閉まる音がした途端、バーの喧騒とは打って変わって静けさに包まれる。２段ベッドがそこかしこに並べられており、どれか一つが僕の寝床となるわけだ。

当然、同じ部屋にはその夜限りの同居人たちがいて、二日酔いで寝腐っているヤツもいれば、小刻みに震えているヤツもいる。カーテンの向こうから、シクシクと泣いている声もする。元気を取り戻して飲みに行くヤツもいたし、バーの賑やかさをまとって周りの迷惑も気にせずベッドで騒ぐヤツもいた。

バーとのコントラストは、旅の光と影を感じさせる。僕はどちらが好きということもなく、また嫌いでもない。スポーツのフィールドとベンチのような関係性に似ているな、と思った。元気な選手はフィールドに飛び出していくし、怪我をした選手はベンチに戻って次の出番に向けて休憩している。

シャワーを浴びて、バーに出向いてビールを飲むことにした。ほろ酔いでプールサイドに腰かけて、欧米人たちのご機嫌な様子を眺めた。目のやり場に困るほどの刺激的なナイスボディを、小さなビキニで強調する女の子たち。身長2メートルはありそうな、筋骨隆々の上半身を見せつける男の子たち。そこに紛れ込む小柄で猫背なアジア人男性なんて、誰の目にも映っていないようだった。シェムリアップのベタつく風に吹かれながら、タバコを吸う。辺りはとても騒々しいのに、僕一人だけが静寂の中にいた。

就寝前、ベッドの上でドイツの優しいお母さんの忠告を思い出し、必死にインドを避けるルートを模索した。しかし地図をどう辿っても、心が指す方角にはインド亜大陸が待ち受けているのだった。カトマンズには行かなくてはならないが、果たしてインドに行く必要があるのだろうか？　行きたくないけど、行きたい。これが今の本音だ。

3月8日　ごちゃ混ぜの通貨

一日かけて遺跡を巡ったせいで、翌日は二日酔いのような身体の怠《だる》さだった。石造りの建物を見ただけでゲップが出そうだ。頭もまだ少し痛む。アルコール疲れならぬ、アンコール疲れ。全身が筋肉痛で悲鳴を上げていた。

旅に出て1週間が過ぎた。昨夜の賑わいから一変して静まり返ったバーを抜け、宿を出た。今日、まずすべきことは両替。この国には、リエルという現地通貨とUSドルの2種類が入り混じって流通していて、お会計一つとってもややこしい。日本円で300円に匹敵する2ドルのミネラルウォーターが、8000リエルとなる。ドルと円でさえ不慣れなのにリエルまで使うとなると、会計時にはちょっとした計算問題だ。

　僕の財布の中には、タイで余ったバーツ、円、ドル、リエルの4種類の紙幣がごちゃ混ぜに入っていた。偽札も出回っているらしく、100ドル札で払おうとすると入念にチェックされ、ほとんどの場合断られた。飲み物を買うのも一苦労だ。両替所を訪ね、怪しい換金率でなんとか細かいドルを手に入れた。

　今日は一日、カフェのテラス席で過ごした。氷抜きのアイスコーヒーを注文した。ぬるくなってもストローでチビチビすすりながら、午前中の暇を潰した。通りの往来をただ眺めている。何も考えたくないし、何もしたくなかった。ベッドでダラダラ過ごせたなら、最高の休日になったかもしれない。しかし、今日の宿も決まらない身分には、カフェぐらいしか羽を休める場所がない。昼時にラザニアを注文し、半分ほど食べて余った分は夕食用にテイクアウトした。

　午後になって、どこの共同宿もチェックイン可能な時間帯になったのを見計らって、ねぐら探しに店を出た。久しぶりに何もない一日だった。もうこの町でやるべきことはないようだ。何しろシェムリアップには遺跡しかないのだ。世界遺産であるアンコールワットだけで勝負するその潔い姿勢は嫌いじゃないが、新たな刺激を求めて次の街を目指そうと思った。

宿を見つけてチェックインしてから、ベッドで首都プノンペンまでのルートを探った。さまざまな条件のバス会社から、一番安い会社を選んだ。理由はそのバスが寝台であったことだ。23時に出発し、早朝に到着するというタイムスケジュールに惹かれた。これに乗りさえすれば、一日分の宿代が浮く。旅知恵が働くようになってきた。誰もいないプールでひとしきり泳ぎ、冷えた残りのラザニアを食べてからビールを飲んだ。短いシェムリアップの日々は、灼熱の遺跡と欧米人のパーティーの記憶だけで幕を閉じた。

眠りに落ちる前、この1週間の出来事が走馬灯のように頭を駆け巡った。バンコクでは都市部の交通網が酷かった。入り組んだ車道、迂回しなくてはならない一方通行。どうやら昔、政府がテキトーに区画整理して道路を施工してしまったらしい。今更どうすることもできないので、誰もが渋滞に慣れることで問題を解決していた。カンボジアの紙幣制度も、リエルに統一するべきではないだろうか？　なぜレートの差がある2種類の通貨が流通しているのだろう。旅行者にはややこしくてしょうがない。

どちらの国も、それぞれに課題を抱えているように見えた。しかし、その国で暮らす人間は特に困っている様子もなく、改善する気配もなかった。いや、日本が改善し過ぎているのではないだろうか。どこもかしこも建設中。好きだった呑み屋街も複合施設になった。都市開発によって東京は住みやすい街へと進化していくが、情緒や大切な何かが失われていっているのではないだろうか。どちらが人間にとって正解なのだろう。不自由が生み出す文化もあるんじゃないのか……。

そんなことを偉そうに考えていたらいつの間にか寝ていた。

3月9日　チェポンで下半身ムクムク

首都プノンペンに向かう。行きたい理由は特にない。プノンペンが、どんな気候でどんな治安でどんな名所かも知らない。行きたいはずがない。しかし、バックパッカーである以上は常に「ここじゃないどこか」を目指さなくてはならない。正直なところ「旅」が何を定義しているのかがよくわからない。だからこそ、自分が今感じている「旅」ってやつを遂行しなくてはならない。誰かが言っていた。

「旅はカブれてなんぼよ。カッコつけとけばなんとかなる」

その通りだ。旅人風なことを続けていれば、いずれ本物になるかもしれない。

寝台バスの出発は、今夜23時。あと12時間もある。何か面白いことはないかと、街をウロウロすることにした。民家の前を歩いていた時だった。

「バウバウバウ！」

庭から大きな番犬が吠えて追いかけてきた。

「うるせぇ、あっちいけ！」

と怒鳴りつけてやりたいが、ビックリして腰が抜け落ちそうになった。狂犬病のワクチンを打っていないので噛まれたらお終いだ。予防方法はたった一つ。動物と一切関わらないことだ。カメラの自撮り棒を振り回して、必死に逃げ切った。面白いことは何一つ起こらなかった。

なんとか昼3時が過ぎた頃、この街には「チェポン」と呼ばれる伝統的な薬草風呂があると聞いた。小学校の頃から一人で銭湯に通っていたほどの風呂好きな僕にとっては、興味深い情報だった。疲れも溜まっている。旅に出て9日間。浴槽に浸かるどころか、ほとんど熱いお湯を浴びていなかった。シャワーから冷水しか出てこないことが当たり前になっていた。すぐにチェポンの施設を訪れた。

風呂といっても蒸気風呂で、小さな一人用テントで浴びるスチームサウナだった。薬草の匂いがする蒸気を浴びて、日差しで汗だくになるのとは違う気持ちのいい汗を掻いた。急に、水道水を飲んだらお腹を壊すといわれているカンボジアで水蒸気を吸っても大丈夫なのか、と不安になった。が、みるみる疲れが取れていくうちに、そんなことはどうでもよくなった。

30分ほど入ってテントから出ると、女性の案内でベッドにうつ伏せになった。砂と水を混ぜたようなザラザラの液体を全身に塗られた。不快といえば不快だし、リラクゼーションだと思えば気持ちよかった。途中、下半身がムクムクと起き上がりそうになったが、眠気が勝って寝てしまった。深くて短い仮眠だった。

最後に、シャワー室で蛇口をひねると熱々のお湯が出た。頭から被るお湯は、干ばつの砂漠に降り注ぐ久しぶりの雨のようだった。全細胞が歓喜した。日常で当たり前だと思っていたことにも感動を見つけられるのが、旅の醍醐味なのかもしれない。毎日、固形石鹸で洗う

赤いテント内は40度ぐらい。
じんわりあたたかくて気持ちいいが、ちょっとカビ臭い。

だけのゴワゴワになった髪の毛をシャンプーで洗い流し、リンスもつけた。丁寧に乾かすと、久しぶりに自分からいい匂いがした。これから寝台バスが待ち受ける僕にシェムリアップがくれたご褒美となった。

「ありがとう、またいつか来るよ」とはお世辞にも言えないが、この街が少し好きになった。

3月10日　プノンペンで夜明け前のダンス

暗闇の裏通り。背後で音がするたびに振り返る。冷や汗が首筋をつたう。意識が朦朧《もうろう》としてきた。なぜこんなことになっちまったんだ……。

事の始まりは寝台バスだ。23時シェムリアップ発、首都プノンペン行きのバスに乗り込むと、車内にはところ狭しと2段ベッドが設置されていた。12台が3列、最大で72人が眠れるその車内に、きっちり72人が乗り込んで出発した。真後ろのオジサンの大あくび、真横のオバサンのお喋り、真上のベッドから垂れ下がっているオネエサンの妖艶な太もも。案の定、いろんなことが気になって眠れなかった。

赤、青、紫の蛍光灯が照らす。
眠るためのバスなのにド派手な車内。

それでも郊外の暗闇を眺めているうちに、うつらうつらしてきた。ところがその瞬間、対向車の眩《まぶ》しいヘッドライトのパッシングが、眠気を蹴散らして車窓を通り過ぎていく。眠るのを諦めて、考え事をした。

「日本に帰ったら何をしよう?」

現状からの逃避を目的としたお題を選んだ。とはいえ日本の生活から逃避してきたともいえるので、どっちが現実でどっちが非現実なのかよくわからなくなっている。バンドは2度も解散させてしまっていたし、音楽に対してガス欠状態。今後何をしたらいいのか、何をしたいのか、さっぱり浮かんでこなかった。僕の未来は今、車窓から眺めている真っ暗な田舎道とそっくりだった。何も見えない。

この旅で何を捨てて、何を持ち帰るのだろう。すでに変化を実感する部分もあるが、何も変わっていないような気もする。交通手段に寝台バスを選ぶなんてかつては考えられないことだった。逆に、寝台バスの寝心地にいちいちストレスを感じているところは元来の僕らしい性質だった。

「PEOPLE GET READY」を、高速道路の騒音に紛れてこっそり口ずさんでみた。

信じることが鍵さ
そしたら扉は開ける
さぁ乗り込もう

カーティスは歌っていた。歌ってみたものの、僕のリュックサックにもポケットにも心の中にも、鍵は見当たらなかった。そもそも扉さえないように思えた。

一睡もしないまま、午前４時。プノンペンに着いてしまった。外に出るとバス停に乱暴に放り出された荷物の山から自分のリュックサックを拾った。トゥクトゥクのドライバーが群がってきて、

「送るよ、乗ってくれ」

としきりに勧誘するが、行き先も決まっていない僕は彼らの誘いを受けることができなかった。そもそも、午前4時のプノンペンで一体どこへ向かえばいいのだ。バス停から歩き出して10分。向かうべき場所は一つも見当たらなかった。バスの同乗者はトゥクトゥクでどこかへ去った。どうやら目的地を持たない旅人は僕だけのようだ。見渡す限り、誰もいない。街灯も少なく、暗闇に沈む見ず知らずの街。突然、木の陰から、

「ヘイ……」

と囁き声がした。振り向くと、暗闇に目が二つ浮かんでいる。煤《すす》だらけの路上生活者が僕に向かって手招きをしていた。その時、

「ん？　これはひょっとしてまずい状況なのでは？」

と気づいた。地理も治安も把握せずに彷徨う夜明け前のバックパッカー。どう考えても危険でしかない。全身の毛穴が汗でジワッと濡れたのを感じた。

あてもなく歩き回るうちに、なんとか国道のような大きな通りに出られた。朝日はまったく上がってくる気配がない。絶えず周りをキョロキョロしながらとにかく歩き続けた。一睡もしていない僕の瞼《まぶた》を睡魔がここぞとばかりに襲うが、恐怖が上回ってこじ開ける。夜勤明

けのトゥクトゥクドライバーが、僕の横を並走しながら「乗れ！」と言ってくる。下水の臭いが鼻をつく。

「ギャアッギャアッ」

茂みから聞いたことのない獣の鳴き声。昔観たバットマンの映画に出てくる無秩序化したゴッサム・シティを思い出した。

「なんでこんなことになった。どこで道を踏み外したのか。なぜ他のミュージシャンはこうならない。なぜ俺だけがゴッサム・シティをうろつかなきゃいけないんだ」

と自分への怒りが込み上げた。

1時間以上が過ぎた頃、遠くの空にぼんやりと街の灯りが浮かんでいるのが見えた。耳を澄ますと、何やら音楽も聞こえてくる。

「助かった、繁華街があるのかもしれない！　冷たい飲み物にありつけるぞ」

ようやく目的地ができたことでメンタルは少し回復した。近づくにつれ、灯りと音楽が賑やかになってくる。最後の力を振り絞って、光と音の元に走った。

そこはロータリーのような広場だった。円を描く道路の真ん中には芝生が敷かれていた。その中央で、真っ赤な衣裳に身を包んだ中年の男女が50人くらい、激しいビートに合わせて奇怪に舞っていた。何かの宗教なのか、それともエクササイズなのか。想像だにしない光景だった。もしかしたら寝台バスで気づかぬ間に眠ってしまい、悪夢を見ているのかもしれない。そうだ、これは夢だ。暗闇の向こうに見つけた光と音楽。一縷の望みにかけてひた走った僕に、こんな摩訶不思議な踊りが待っているわけがない。いくら頬をつねっても痛いし、目は覚めない。

これは現実だと受け入れた瞬間、腰から力が抜けてガクッと芝生にへたり込んだ。踊り、音楽、衣装、風貌、時間帯、何から何まで不可解で不気味だった。すべてを諦めた僕は不安も眠気も投げ出して、夜明け前のダンスをずっと眺め続けた。

その後のことはよく覚えていない。気づけば、僕はおしゃれなカフェで椅子二つをくっつけ、その上で大の字にぶっ倒れて眠っていた。昼過ぎに目が覚め、店員に叩き出された。

3月11日　チャイニーズマフィアの巣窟

バンコクで藤原さんが写真を撮ってくれた日。僕の行き先にカンボジアが含まれていることを知ると、彼女は深刻な顔で僕に忠告をした。

「プノンペンに寄ることがあれば、気をつけてください。イオンから北へ行くと、チャイニーズマフィアの巣窟になっています。絶対に近寄らないでください」

当たり前じゃないですか、と言わんばかりに、

「わかりました。絶対に行きませんよ」

と返事をして、頭の中に太字でメモしたつもりだった。

昨日は昼過ぎに街角で見かけた共同宿にチェックインしてから、２段ベッドの上でゴロゴロしていた。徹夜明けのカフェでの仮眠はなんの癒やしにもならず、一睡もしていないに等しいほど、身体と神経はやつれていた。何もやる気が起きず、同部屋のバックパッカーとも交流せず、夕食も宿の食堂で軽く済ませてまた寝た。その甲斐もあって、今朝はだいぶ元気を取り戻していた。

起床してから、イオンへ行こうと思い立った。日本で慣れ親しんだショッピングモールだ。水着や変圧器など買い足したい物がいくつかある。藤原さんの言葉を思い出した。

「イオン自体は、とても綺麗でいろいろなお店が入っていて便利です。北エリアにだけ行かないように気をつけてぜひ行ってみてください」

早速、今いる宿からイオンへの行き方を調べた。見かけて飛び込んだ宿なので、現在地をきちんと把握していなかった。地図を調べて言葉を失った。まさにチャイニーズマフィアの巣窟のど真ん中に位置していたのだ。心配してくれた藤原さんの表情が脳裏をよぎる。夜通しの移動で疲れていたとはいえ、不用心にもほどがある。行くなと忠告を受けたチャイニーズマフィアの巣窟で一晩過ごしていたなんて。

そんなことに気づかないほど、街並みは至って普通だった。マフィアはどこかに息を潜めているのだろうか。そもそも現金2万円程度しか所持していない素人バックパッカー相手に、マフィアが何を狙うというのだ。昨晩、隣のベッドで眠っていた美女のネグリジェ姿のほうが、チャイニーズマフィアよりも僕をドキドキハラハラさせたのは言うまでもない。

イオンでは昼食にニンニクたっぷりの混ぜそばを食べ、精力をつけた。肝心の水着と変圧器は目ぼしいのがなかったので、変圧器は諦め、イオン近くの服市に水着を探しに行った。市場内は狭い通路が複雑に入り組んでいた。迷路のような空間を、衣類や小物、仏像などが埋め尽くしていた。

気にせず奥に進むと、ジュエリーショップがあった。宝石の数と輝きに立ち止まってしまったのが、大きな間違いだった。中から出てきた店主に猛烈に絡まれた。見た目は優しそう

なオバサンだが、喋り始めたらその強引さたるや、男よりタチが悪い。高そうなジュエリーを、

「着けてみろ、着けてみろ」

とグイグイ迫ってくる。こちらも必死に断るが、首に巻きつけようとしてくるので、焦りで判断を誤った。近くにあった安そうな石と紐でできたネックレスを選ぶようなフリして、手に触れてしまった。その途端、

「よし、こっちを着けてみろ」

と言われ、とうとう首から下げてしまった。身に着けたら、もうお終い。即お会計だ。２万リエルを請求されたので、最後にもう一度断ってみた。よくわからない言語で怒鳴られてしまい、つい払ってしまった。出口から逃げるように外に出た。

ショーウィンドウに映る自分とネックレスを見て絶望した。なんだこれ。びっくりするほどダサいじゃないか。トボトボと歩く夕暮れ時、犬は追いかけてくるし、道路には巨大なネズミだらけ。これだけいろんな町から町へと移動しているんだ。そりゃこっちにだって相性ってもんがある。プノンペンには申し訳ないけど、あんたとはうまくやっていけねぇよ！

堪忍袋の緒が切れてしまった。

あらゆる現地フードを無視して、日本食チェーンのお店に入り、肉玉うどんとカツ丼をヤケ喰いした。久しぶりの和食に感動する余裕もないほど、怒りのまま胃袋にかき込んだ。腹を満たしたら、心は少し落ち着いた。

「いや彼らも生きるためだ、悪くない。俺が負けただけだ」

と反省した。

宿に着いて電卓で計算したら、2万リエルは日本円で700円程度だった。馬鹿らしくなってきたが、これは値段の問題じゃないのだ。これからは「他人に自分の意思を決めさせない」という自戒の念を込めて、このダサいネックレスを旅の間、ずっと身に着けようと思った。

二度と押し売りには負けないぞ。

第3章 ベトナム

March 12-19, 2024

Vietnam

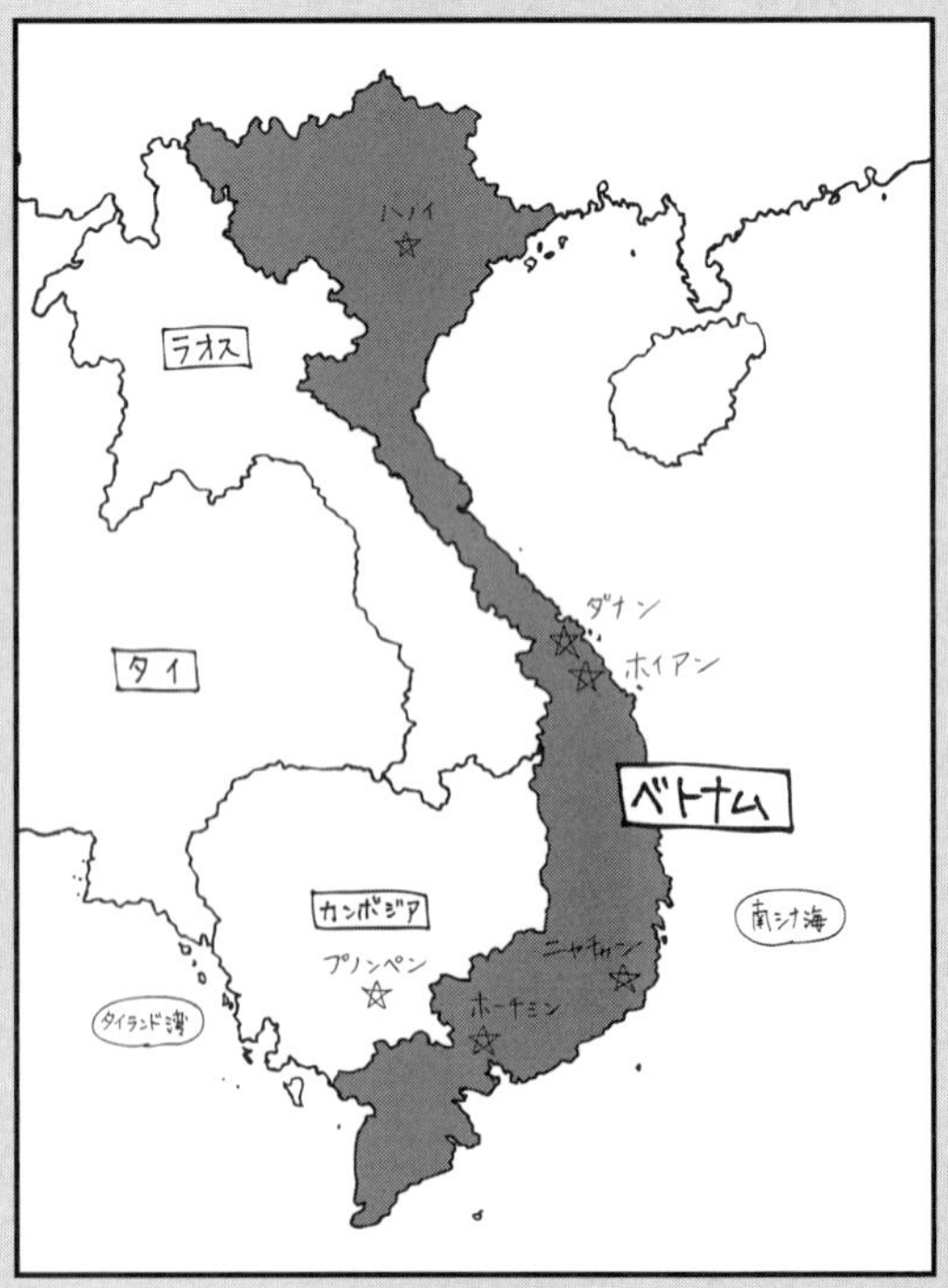
ハノイ
ラオス
ダナン
ホイアン
タイ
ベトナム
カンボジア
南シナ海
ニャチャン
プノンペン
ホーチミン
タイランド湾

3月12日　ホーチミンでホームシック

カンボジアに別れを告げ、２度目の越境バスへと乗り込んだ。向かうはベトナム南部、商業の中心ホーチミン。もう慣れたもので、バスから降りてテキトーに歩いていたら、国境を跨いでいた。オーストラリアから来た男の子とタバコを吸いながらお喋りに夢中になっていたのだ。少しずつ学生時代に学んだ英語を思い出してきた。のほほんとした雰囲気の関所で、ビザのチェックや指紋認証といった複雑な手続きもいらない。プノンペンに嫌気がさしていた僕は、日本に似ていると評判のホーチミンに期待が高まった。

越境後、目的地に着いたバックパッカーは忙しい。まずは、今晩の宿を探さなくてはならない。宿を見つけたら、受付でチェックインしてリュックサックを部屋のロッカーに入れる。はずだったが、現金を持ち合わせていなかったので追い返されてしまった。そうか、まずは両替だ。持ち金をベトナムの通貨ドンに替えなくてはならない。レートがいいといわれている両替所の場所を聞く。徒歩40分ほどだった。バイクタクシーに乗ろうとするが、払える現金がないことに気づく。重たいリュックサックを背負って徒歩で向かうことになった。

ホーチミンの街は暑いには暑いが、カンボジアの灼熱に比べたらまだマシだった。風がよく吹いている。下水の臭いもしないし、日本を思い出す気持ちのいい春風を感じた。そうか、今頃日本にも春が訪れているんだな。

なんとかドンを手に入れて、帰り道にドラッグストアに寄った。照りつける太陽の下、東南アジアをうろついて12日目。さすがに肌は黒ずみ、ガサガサだった。日焼け止めと洗顔料と化粧水を買った。荷物がまた増えた。共同宿にチェックインして、リュックサックの中身を全部広げて捨てるものを探した。[どこかの宿から拝借してきたシャンプーのボトル、日本から持参した半ズボン、リップクリーム、ハンドクリーム」を捨てることにした。それでもリュックサックは少しだけ重くなったような気がした。「PEOPLE GET READY」を口ずさんでみた。

荷物は何もいらないさ

「嘘つけ！」と叫びそうになったが、静かにリュックサックのファスナーを閉めた。

日が暮れ始めたので、近くのバーに入った。ビールを飲みながら日記を書いていると、なぜか親友の顔が浮かんできた。感傷的になっているだけかと思ったが、やけにくっきり彼の顔が頭に浮かぶ。ハッと気づいた。彼がカラオケで必ず歌う十八番が店内で流れていたのだった。南米の音楽で、彼が歌うと何語かわからない歌詞と独特な民族調のメロディが面白くて、僕はいつもウーロンハイを呷《あお》りながら笑っていた。いつもは楽しませてくれるメロディも、異国のバーで聴くと寂しい気持ちになった。東京に帰りたい……。

ホームシックを掻き消すように、ちょうどよくバンドの生演奏が始まった。僕は2杯目のビールを注文した。多くの日本食チェーンが立ち並び、賑やかで過ごしやすいホーチミンは、着いて早々に馴染んでしまった。かえって日本を思い出してしまってよくない。今は旅の途中だ。先を急ごう。明日からは、南部ホーチミンのサイゴン駅を始点に北部のハノイ駅まで通じるベトナム統一鉄道に乗って、この国を縦断する計画だ。あくまでもインドに向けての前哨戦に過ぎない。ここでつまずいては、親友にも顔向けができない。この鉄道は全長1726キロ。どこで途中下車するかはまだ決めていない。きっとこの春風が僕を導くはずだ。

日記を書く手を止めて。
帰りたい……。

3月13日　女の子と食べたマンゴースティック

ベトナム統一鉄道のディーゼル機関車は、サイゴン駅のターミナルで煙を吐きながら待ち構えていた。予想以上に煤ぼけていて、僕が鉄道好きだったら興奮していただろう。歴史を感じさせるオンボロ座席、ディーゼルの豪快に鳴らすエンジン音と汽笛、垢だらけの曇った車窓から見える田園風景。ゆっくりと走り出した列車は、少しずつ加速し、そこそこのスピードを保った。せかせかした東京の地下鉄に慣れていた僕は、

「え？　この速度で1726キロを目指すの？」

と心配になった。北海道の最北端・稚内から東京を越え、愛知県の豊橋に行くようなもんだ。ぶっ通しでいけば、35時間で目的地ハノイまで辿り着くらしい。せっかちな僕からしたら、当然ぶっ通しで行きたいところだ。しかし、早く着いたからといって別にメリットがない。日本に早く帰れるわけでもない。僕の人生はこんなふうに、無意味な焦りによって結果的に無駄足を踏んできたのだ。

よし、今日は8時間くらいで一区切りにして、ニャチャンという駅で降りてみよう。8時間もなかなか長い。おまけにクーラーも効かない。リクライニングは直角のまま動かない。

そういえば、朝から何も食べていないし水も飲んでいない。近くの席で子どもがゲロを吐いた。母親がせっせと掃除をする中、男の子は3回に分けて大量に吐いた。移動販売車が来る。何も食べていないのにゲロの臭いで食欲がない。売られている水は常温で埃《ほこり》を被っているため、買う気になれない。5時間が過ぎ、退屈と喉の渇きは限界に達した。残り3時間をどう乗り切るか、手詰まりだった。

外の田園風景に夕日が差してきた時、朝から隣でずっと寝ていた女の子がムクッと起きた。お互いいないものとして扱っていたので、その存在を再認識して驚いた。まだ眠そうな彼女の動きは意外とスムーズだった。通りがかった移動販売車から、生のマンゴースティックを買い取ると、袋を開けて僕に1本取るように差し出してきた。その一連の動作は、僕の心と胃袋を見透かしているようだった。そしてあらかじめ、夕暮れが来たらこうしようと決めていたかのようだった。

僕は旅に出てから生の果物を食べないようにしていたが、自然な流れに思わず指示通り1本抜き取ってしまった。取ったのがちょうど一番大きい実の中心部分だったため、お礼を言う前にあたふたしてしまった。そんな僕を見て、彼女はクスクス笑った。午前中に乗車した時のぶっきらぼうな様子が嘘みたいな笑顔だった。一口食べてから英語で急いでお礼を伝えた。キョトンとしている顔を見る限り、英語は通じないようだ。翻訳機を取り出して、「ありがとう」と打ち込んでベトナム語に変換して画面を見せた。今度は彼女が何やら打ち込んで僕に見せた。

「もう1本食べる？」

と書かれていた。そこから翻訳機を使った会話が始まった。

「学生ですか？」と書き込むと、「看護師です」と返ってきた。

「あなたの出身は？」

「日本から来ました。君は？」

「もう少し先に行ったところ」

「どんな町？」

「貧しいけれど、美しい町です」

久しぶりに誰かとまともなコミュニケーションを取った気がした。マンゴースティックを2人で齧りながら、言葉も発さず盛り上がる。夜勤明けの彼女は仮眠を取ったおかげかどんどん元気になって、故郷の風景、2歳になる娘のヤンチャぶりまで、あらゆる話を文字で打ち込み、日本語の文章で伝えてくれた。クスクスと笑う顔と声が魅力的だった。僕が名前を伝えると、彼女は吹き出した。急いで画面に打ち込んで、僕に見せた。

「あなたの名前はベトナム語でタロイモという意味です」

２人で大笑いした。彼女の名前はトラムといった。娘の写真をたくさん見せてくれたが、夫の姿は写真にも会話にも一切現れなかった。気づけばニャチャン駅に着いていたので、トラムに、

「ありがとう。娘によろしくね」

と書いて見せた。

「いい旅をしてね」

という画面を僕に見せて、最後に彼女はまたクスクスと笑った。

19時にニャチャンのターミナルへと降り立った。統一鉄道での8時間、後半はあっという間に過ぎた。トラムがくれたマンゴースティックは、ぬるくて全然甘くなかったが、今まで食べたマンゴーの中で一番美味しかった。

3月14日　ニャチャンに現れた変質者

ニャチャンは南シナ海に面した、とても気持ちのいい町だ。綺麗なビーチ、心地いい風、カラッと照らす太陽。ずっとここにいたいと思った。しかし、この過ごしやすさは危険だ。甘い誘惑に身を落としてはいけない。

とはいえ、次の長距離移動に向けて休息を必要としていた。日中は砂浜の木陰で休み、近くのコーヒースタンドで濃いアイスコーヒーを飲んだり、タバコを吹かしたりして過ごした。何も起こらなかった。バカンスに来てしまったのではないかと勘違いするほど平穏だった。

午後はノミに喰われた足首の痒みにケリをつけるべく、塗り薬を探しに散歩をした。売店を何軒か回ってムヒを手に入れた。店から出てすぐズボンの裾をずり上げ、患部に塗った。ムヒのなんとも言えない独特の臭いが広がった。日本の夏だ。今年の夏には僕は一体どこで何をしているのだろう。日本に帰ったら今度は逆に日本に馴染めなくなり、迷子のままってことにはならないだろうか。無性に麦茶が飲みたくなったので、代わりにアイスコーヒーを飲み干して喉の渇きを抑えた。

夕方、海街を象徴するようにシーフードを前面に押し出したレストランのテラス席で、食事をすることにした。メニューの写真にはエビやホタテが豪快に盛りつけられていたのに、頼んでみると、なんの具も入っていない真っ白なチャーハンが運ばれてきた。注文の仕方を間違えたのかもしれない。しかし、意外にも食感は米がパラパラで脂も軽く、見かけによらずスパイシーで美味しかった。

宿に着くと、入り口前のバーでは欧米人が相変わらずパーティーを繰り広げていた。狭い空間に70人ほどの若者たちがびっしり集い、大音量で音楽を流して乱痴気騒ぎをしていた。バーカウンターの上によじ登ってテキーラをボトルごと呷っている男もいれば、大きな乳房を揺らしながら踊り狂うブロンド女もいる。酒の飲み方を見れば、彼らが僕よりいくつも年下であることがわかった。

シャイな最年長である僕はその隙間をそそくさと抜け、ロビーに入った。鍵をもらい、今晩の共同部屋のドアを開けた。すると、中で欧米人の若いカップルがプールに行く準備をしながら、大喧嘩をしていた。男女の喧嘩なんてよくある話なので、僕は特に気にも留めず入っていった。2人が言い争っている間を割って、ウエストポーチを自分のベッドに放り投げた。荷解きを始めた僕に、それぞれが、

「ごめんね」

「うるさくしてごめん」

と謝り、また口論に戻った。僕はなるべくスマートに、

「ノープロブレム」

と言って、シャワーを浴びる準備を始めた。若者の喧嘩なんて可愛いもんだ。気が済むまですればいい。室内にあるトイレつきシャワールームに入り、鍵を閉めた。

髪の毛を濡らし、誰かが置き忘れたシャンプーを頭で泡立てる。壁一枚挟んだ向こうではまだ言い争っている声がする。ゴシゴシ……。ふいに男の子が怒鳴り声をあげて、外に飛び出す音が聞こえた。シクシク泣く彼女が叫びながら彼を追って入り口から出ていった。ドアのオートロックが自動で閉まる音がした途端、目の前が真っ暗になった。女の子が部屋を出る時、シャワー室の電気も一緒に消したのだ！　そう気づくまで5秒。

即座に作戦を考え、すぐに段取りを整えた。水は出ているので、シャワーは続行だ。横断歩道と同じで、途中で信号が赤になっても引き返してはいけないのだ。丁寧に洗い流して、手探りでバスタオルを棚から取って全身を拭く。タオルの横に置いたはずの下着とTシャツにはまだ触らないほうがいい。万が一落としたら、濡れてしまうから一旦ステイだ。真っ暗闇の中、自分でも驚くほどスムーズに一連の動きを完遂した。

壁を伝うようにシャワー室から出ると、入り口の隙間から廊下の光がうっすらと部屋に漏れていて、真っ暗というほどでもない。電気のスイッチはすぐ見つけられた。パチン、パチン……。二つのスイッチを押したが、照明はつかなかった。

にわかに僕は慌て出した。暗がりの中、壁に埋め込まれたルームキーの差し込み口にキーが挿入されていないことがわかった。なるほど。彼女は電気を消したのではない。飛び出す時にルームキーを引き抜いたことで、部屋の電気がすべて消えたのだ。

そうなると、必要なのは僕のルームキーだ。自分のベッドにウエストポーチと一緒に放り投げた気がする。ベッドはどこだっけ。今度はルームキーを探すことになった。乱雑に転がるバックパッカーの荷物を踏まないように、忍び足で歩く。何かにつまずいて、思わず２段ベッドの梯子《はしご》を握る。濡れたものに触れた。つまみ上げてみると、誰かが干した水着だ。

その時になって思った。今誰かが戻ってきたら、僕は完全に変質者だ。男が共同部屋内を全裸でウロつき、水着をまさぐっている。ニュースになるかもしれない。

「自称ミュージシャンの日本人男性（32）が、ベトナム・ニャチャンにある宿泊施設で公然わいせつの疑いで逮捕されました」

頼む。誰も戻ってこないでくれ！　ようやくルームキーを見つけて入り口まで戻り、壁に差し込んだ。部屋じゅうがパッと明るくなり、みっともない姿があらわになった。急いでシャワー室に逃げ込み、衣服を着て、ことなきを得た。

数時間後、彼氏が部屋に戻ってきて、仲直りの報告と改めての謝罪をされた。僕は日記を書く手を止めて、何食わぬ顔で「ノープロブレム」と言った。本当は全然ノープロブレムじゃなかった。頼むから、喧嘩はよそでやってくれ。

3月15日　寝台列車でパンツ一丁男

ベトナム統一鉄道は、南シナ海沿岸に線路が続いている。距離が長くて速度は遅い。移動には想定よりも時間を要した。カフェでカレンダーと時刻表を照らし合わせて何度も思案したが、途中下車を繰り返すとゴールのハノイまで1週間以上はかかるだろう。

「それでいいじゃないか。ゆっくり行こうよ」

と心に語りかけると、せっかちな僕が喚《わめ》き始める。

「ダメだ！　先を急げ！」

心を手懐《てなず》けるのは難しい。まるで僕は統率の乱れた野球チームの監督だ。なぜ僕の感情は、一致団結してくれないのだろう。

３月末までに東南アジアを抜け、バングラデシュ、目的地ネパール・カトマンズに滞在して、４月初旬にはインド入りしたかった。４月初旬には僕の誕生日があるのだ。33歳は今まで経験したことのない特別な誕生日にしたかった。どうせ寂しい一人旅、僕を祝うのは僕しかいないのだから。ウジウジしてばかりの32年間にケリをつけ、新しい自分とインドで出会うのだ。４月５日が僕のスケジュールの目安となった。

考えた末に、せっかちな僕の意見を優先することにした。ペースを上げるべく、これからは町での宿泊を減らし、積極的に寝台列車に乗り込もう。次に目指すは古都ホイアン。旅嫌いな僕でも風情ある町だと聞いたことがあった。ダナンという駅で降りれば近いらしい。

ニャチャンのプラットホームに夕暮れが訪れると、人がぞろぞろと集まり出した。19時ちょうど、ディーゼル機関車が遠くから汽笛を鳴らし、僕の前へと滑り込んできた。初めての夜汽車に心が高鳴った。車両連結部分に扉があり、車掌がタバコを吹かしながら立っていて、切符を気怠《けだる》そうに確認する。バックパッカーや現地の人で、細長いコリドーは大変な混雑だった。切符に記された29／３Ａの寝台がある客室の前までやってきた時、列車はすでに動き出していた。

引き戸を開けると、コリドーの灯りが室内に入り込み、僕の影を浮き上がらせた。狭く薄暗い空間には壁の両側に3段ベッドが設置されていて、7人の目が一斉に僕を向いた。まるで異星人を見るかのような排他的な目線だった。彼らはベトナムの大家族で、すでに寝ていたようだった。

とりあえずドアを閉めると、真っ暗闇に包まれた。今夜の寝床のあり様に怖気《おじけ》づいた。暗くて29の寝台がどれなのかがわからないし、そもそも6つのベッドは満席だった。数分だろうか。いや、数秒だったに違いない。視線を全身で浴びながら、3段ベッドの間の狭い空間に立ちすくんでいた。

「ガッタンゴゴッ、ガッタンゴゴッ」

ディーゼル車特有の走行音が客室に鳴り響いている。番号を間違えたのか？　確認のためコリドーに戻ろうとしたら、2段目でオバアチャンと一緒に寝ていた5歳くらいの女の子が、枕元の灯りをつけてくれた。すると、続けざまに3段目で寝ていたパンツ一丁の男が観念したかのように梯子を降りてきて、僕にベッドを譲った。

「あ、そこが俺のベッドだったんだ」

と呆気に取られた。なぜかこちらがお礼を言って、梯子をよじ登り寝台に寝転がった。枕やシーツが湿っている。手を伸ばさなくても届く天井。エアコンは生ぬるい風を送り出している。シャワールームなんて当然存在しない。なんだか左足がくすぐったい。蕁麻疹かと思い足元に目をやると、先ほどの少女が下から手を伸ばして、僕の足をくすぐっている。大人としてはかなり情けない声が出た。

「ノ～」

と嫌がる素振りを見せると、彼女はイタズラっぽく笑っている。オバアチャンは、注意するどころか大いびきを掻いている。ここで朝まで過ごすのか……。

歯だけはせめて磨こうと、歯ブラシを片手に梯子を降りた。少女はなぜか僕のことが気に入ったらしく、洗面台に向かう僕の背後をついてきた。歯を磨く間、僕の背中を指で突っついたり、鏡越しに覗き込んだりしている。一刻も早く歯を磨いて寝てしまいたかった。しかし、先ほど親切にしてくれたお礼だ。変な顔を作って振り向いてみた。彼女はまたケタケタ笑いながらコリドーのほうへ逃げていく。そんなやりとりを何回も繰り返した。弾けるような笑顔の彼女は、前歯の乳歯が生え変わりで抜けているのもあいまって、とてもキュートだった。

灯りをつけてくれてありがとう。

彼女との遊びも歯磨きも終わらせ、客室に戻った。すると……。僕のベッドで先ほどのパンツ一丁男が寝ていた。そして僕を見て、観念したかのように梯子を降りてきて、僕にベッドを譲った。なぜかこちらがお礼を言って、梯子をよじ登って寝台に寝転がった。あれ、さっきも同じ光景を見た気がする。僕の頭がおかしくなったのか、それとも2度同じことが繰り返されたのか。そのどちらでも、僕にとってはつらい状況であることは確かだった。

嫌な予感がして、抗アレルギー剤を、普段は1錠のところ、2錠飲んだ。夜更け過ぎ、全身に蕁麻疹が出て苦しんだ。

3月16日　ホイアンで一人ぼっちの灯籠流し

目覚めると、客室は昨日の光景が嘘みたいにがらんどうになっていた。窓から差し込む朝の光で部屋の隅々まで明るく、大家族はもういなくなっていた。身体中の蕁麻疹も綺麗に治っていた。

あれ、今何時だ？　目を擦りながら時計を見ると、６時ぴったりを指している。猛スピードで頭を回転させ、目的地ダナンに到着する予定時刻を記憶の引き出しから探し始める。まずいぞ、寝過ごしてしまったのか？　焦りが邪魔して頭が回らない。昨晩は、身体をむさぼり掻くことに精一杯で、目覚ましのアラームをセットするのを失念していた。

切符の存在を思い出し、ポケットから慌てて引っ張り出した。「ダナン６：05」と書いてあった。安心したのも束の間、列車は到着に向け、減速し始めている。急いでポーチとリュックサックをまとめ、３段ベッドから飛び降りてコリドーを走り、ドアの前まで来た。ちょうどドアが開いて、間一髪なんとか下車できた。

朝靄《あさもや》に包まれたダナンは、この旅初めての曇り空で少しひんやりしていた。駅前に群がるタクシーの勧誘を掻き分けて、ひとまずカフェに入った。朝っぱらから汗だくになった身体と心をアイスコーヒーでクールダウンさせた。誰かに守られている気がしたので、天国にいる祖父母に心の中でお礼を言った。なんとなく彼らのおかげのような気がしたのだ。孤独ゆえの妄想かもしれない。目覚めるのがあと数秒遅かったら確実に間に合わなかった。

1時間ほどカフェでゆっくりして、ダナンから少し離れたホイアンを目指した。40分くらいバイクタクシーの後部座席で揺られた。旅の最初はあんなに怯えていたのに、今では両手を自分の膝の上に置いて気持ちよく風に吹かれるほどに慣れていた。運転手にしがみつくことも、後ろの手すりを力一杯握ることもない。スレてきたな、と思った。東南アジアに適応してきたのだ。

ホイアンは古都と呼ばれるのにふさわしい静かで情緒溢れる町だった。川が緩やかに流れ、田園が広がっている。

「コケコッコー」

ニワトリが鳴き、牛が道端で横になっていた。移動の疲れが残っていたので、見つけた共同宿のフロントガールにお願いして、余っているベッドで寝かせてもらった。昼前に目が覚めた。自転車を借りてあてもなく畦道《あぜみち》を漕いだ。10分くらいすると、田んぼに囲まれたテラス席があり、人々が食事をしているのが見えた。美味しそうな匂いも漂ってきた。そういえば、昨日の昼から何も食べていなかった。腹が鳴った。

正面口に回るとそこは高級ヴィラだった。先ほど見かけたのは、金持ち宿泊客のビュッフェスタイルの朝食だったのだ。ダメ元で入ってみたが、呆気なく断られてしまった。宿泊客のみが利用できるサービスとのことだ。しかし、一度あの美味しそうな匂いを嗅いだ僕は、引き下がれなかった。空腹が勇気を駆り立てる。僕はヘタクソな英語で交渉を続けた。とにかくレストランを褒めまくったのだ。

「田んぼから見たあの景色が忘れられない。とても美味そうな匂いが向こうの道まで漂ってきた。どんな料理なのか気になる」

女性スタッフの顔つきが柔和になってきたのを見計らって、勝負に出た。

「実は、丸一日何も食べてないんだ……」

その一言が決定打となり、ビュッフェの権利を獲得した。彼女を味方につけた僕は、堂々とレストランへ入っていった。肌触りのよさそうなホテルガウンを身につけた宿泊客の中で、薄汚れたバックパッカーはかなり浮いていた。最初は警戒していた給仕たちも、彼女が説明してくれたおかげで、手厚くもてなしてくれた。なんだか久しぶりにまともな食事をした気がした。

朝から、ビーフン、チャーハン、ベーコン、オムレツ、サンドウィッチ、果物、ヨーグルト、パイナップルジュースを平らげた。最後にダメ押しでフォーまで胃袋に押し込み、食後にコーヒーもいただいた。贅沢なヴィラのモーニングで、活力が湧いた。同情なのかサービス精神なのか、支払いはかなり安かった。なんてホスピタリティ溢れるヴィラなのだろう。

午後は繁華街まで自転車で出向き、大きな橋の上で柵にもたれて川を眺め、物思いに耽った。旅に出る前、日本人は世界中どこへ行っても会えると聞いていた。それなのに旅に出てから、どこにでもいるはずの日本人は、どこにもいなかった。タイのカフェで見かけたサラリーマンやカンボジアで仲良くなったヤマダくんくらいしか思い当たらない。「日本人かな？」と思っても、会話に耳を傾けると中国人か韓国人だった。観光地も巡っているし、季節も3月で休暇のはずだ。きっとみんなして厄介者の僕を避けているのだ。もしくは、甘ったれた僕を鍛えるためによかれと思って隠れてくれているのかもしれない。

正直、日本語が恋しかった。最近では、独り言に英語が混ざってきた。「ワッツ？」「ジーザス」「シット」……。トラブル続きの僕の旅は、ネガティブな独り言が多い。誰かと日本語で何気ない日常を語り合いたかった。

そんなホームシックに浸りながら、夕日が差してきた帰り道、ホイアンを流れるホアイ川でボートに乗り、灯籠流しをすることにした。川沿いには多くの土産物屋と飲食店が立ち並び、観光客でごった返していた。橋を彩る淡い提灯の灯り、みんなが流す蠟燭の揺れる火。とてもロマンチックな光景だったが、ちっとも楽しくなかった。

観光客で賑わうエリアに紛れるといつも思う。誰かと共有してこその感動がある。観光地は、そうなるように作られている。一人客を相手にしていたら商売は繁盛しない。どのボートも家族連れやカップル、友人で参加している中、僕だけが一人ぼっちで小さな木舟に乗り込んだ。

舟漕ぎから火のついた灯籠をもらって、そっと手を離した。日が暮れていく水面に、それぞれのボートから流された蠟燭の火が、そこかしこで寄り添うように集まり、揺れていた。そんな中、どこの群れにも属さず、一人ぼっちでひっそりと流されていく自分の灯籠をずっと眺めていた。

3月17日　コンドーム事件

自分がどこにいるのかわからなくなる朝。タイなのかカンボジアなのかはたまたベトナムか。「今日はどこにいるんだっけ?」と目を擦りながら起き上がる。寝ぼけてここが日本だと勘違いする朝は何より厄介だ。意識がはっきりすると、

「なんでこんなところにいるんだろう」

と、絶望することから一日を始めなくてはならない。共同宿、寝台バス、夜行列車。一日として同じ環境で眠ることはない。枕の形やベッドの硬さのわずかな変化だけでも気になってしまう僕は、バンドのツアーで地方のホテルに泊まるといつも寝不足だった。でも、今はそんなことを気にしていられない。枕がなくても毛布がなくても、直角の椅子であっても文句は言わず爆睡だ。その分、どこにいるのかわからなくなってしまうのだ。

さまざまな夢を見た。酷く現実的で生々しいものもあれば、現実離れしたものもあった。大きな会場でライブをしているのに、客がどんどん帰ってしまってガラガラになったり、マイクスタンドがずり落ちてうまく歌えなかったりする。冷や汗を掻いて目を覚ます。ホオジロザメに食われて、

「お前の肉は不味い」

と言われ、吐き出される夢も見た。砂浜でビールを飲んでいると美女と親しくなって……。そんな夢も見た。

　ホイアンの田舎町での朝は夢こそ覚えていなかったが、自分がどこにいるのかを思い出すのに時間がかかった。狭いドミトリーの天井を見つめ、頭を整理した。そうか。ここはベトナム中部の都市ダナンから少し下った小さな町だ。もぞもぞとベッドから抜け出し、シャワーを浴びて、フロントで朝食を食べた。中庭でタバコを吹かすと頭がすっきりした。

　出発に向けて共同部屋に戻り、荷造りを始めた。入れ違いで今日から宿泊する女の子２人組が部屋に入ってきた。「Hello」のイントネーションを聞く限り、ヨーロッパから来たのだろう。２人が親友なのか、カップルなのか定かではないが、とても親しげだ。僕を含めた３人はそれぞれ荷物の整理に没頭した。

　僕は準備が整ったので、２段ベッドの梯子にかけていた帽子を手に取った。その時、何かがバサッと床に落ちた。目線を下に向けると、銀色の小さな四角形の袋が二つ僕の足元に転がっていた。それは、身に覚えのないコンドームだった。持ってきた記憶も買った覚えもない。しかし、それは確かに僕の帽子から落ちてきた。不意の出来事に３人が床の一点を見つ

コンドームはそのまま置いてきた。

めている。

昨晩、この部屋には僕の他に欧米人の若い男の子一人と、メガネをかけた真面目そうなアジア人男性、大柄な黒人のオジサンが泊まっていた。誰のイタズラだ？　だとしても、どういう類のイタズラなのか。なぜ帽子の中に？　推理がまとまらない。犯人がどのような狙いだったとしてもイタズラとしては大成功で、僕は慌てふためいた。

「これは俺のじゃない！」と叫びたかったが、英語力が追いつかない。女の子2人は「この男、最低だわ」という顔をして目を合わせ、見て見ぬフリを始めた。数もよくない。女の子2人にコンドームも2個。最悪にもぴったりだ。拾ってしまったら、冤罪確定。どうすることもできない僕は真っ赤な顔で、

「オウ、ホワッツイズディス？」

と意味不明にぼやいた。彼女たちは黙々と荷解きを続けた。僕の見当違いな英語は宙を舞

って、換気扇の穴に吸い込まれていった。失意のまま、出発することとなった。

ホイアンからダナンまでバイクタクシーで移動して、ダナンの街を歩いた。ドラゴンブリッジと呼ばれる大きな龍の胴体が連なる橋を渡り、川沿いで都市ビルを眺めた。お台場からの帰り道にレインボーブリッジから眺める東京のビル群とそっくりだった。ベトナム縦断旅も終わりが近づいていた。

夕方、ダナンから寝台列車に乗り込んだ。かなりの長時間移動となるため、今回の寝台はクラスを少し上げた。値段の分、客室は綺麗で快適だった。何より４人部屋には乗客が僕一人だった。小さなテーブルにサービスで置いてあるバナナとマフィンで腹を満たし、寝っ転がった。このまま寝てしまおうと目を瞑《つぶ》ると、次第にうつらうつらしてきた。何しろ目的地のハノイまで17時間かかるのだ。眠る以外に得策はない。

結局、次の駅で続々と乗客が乗り込んできて、深夜０時を回る頃には、部屋は僕を含めた男４人で満室になった。イングランドから来た青年は、地元のサッカークラブの試合が気になるらしく、ずっと僕にフットボールの話をしてきた。そのせいで、彼の応援するチームの事情について詳しくなってしまった。彼が寝静まるのを見届けてから、ようやく眠りにつけた。

3月18日　ハノイで偏頭痛

イングランドの青年がポテトチップスを食べるバリバリという咀嚼音で目が覚めた。朝の8時だった。そこから3時間、彼は相変わらずフットボールについて語ってきた。17時間の鉄道移動はそれなりに身体にこたえたが、なんとか耐え凌《しの》いで11時頃ハノイ駅に到着した。これにてベトナムの主要都市を縦断したことになる。

駅を出ると、鉄道の揺れを引きずった僕は平衡感覚を失い、クラクラしていた。それでも、ハノイの街並みや気候は、日本に似ていて過ごしやすい。世界地図を確認すると、ここから飛行機に乗って東へ向かえばたった数時間で日本に着くことがわかった。今から空港を目指せば、早くて夕方には日本に帰れる。実行されることのない計画を企ててから凹んだ。現実は陸路で西を目指し、母国からどんどん離れていくのだ。この先も続く旅路を思うと、胸が苦しくなった。人はなぜ旅をするのか、僕はなぜ旅をしているのか、まだ答えは見つかっていない。

正直ベトナムの街並みは1週間で見飽きてしまったので、ハノイの街をぶらつく気になれなかった。おまけに午後からは偏頭痛に悩まされた。そういえば今朝、寝台で目を覚ました時から頭に違和感があった。列車のエアコンのせいかもしれない。天井の通気口から2段ベッドの上段で眠る僕を目がけて、冷風が夜通し吹きつけていた。薄っぺらいブランケットでは凌げなかったようだ。17時間も風にあたっていれば頭も痛くなる。放っておけばなんとかなるだろうと思っていたが、よくなるどころか悪化していった。後頭部を殴りつけられているような感覚が続いた。

病は気からと言うが、なんとなく肌寒いような気もする。体温計を持っていないので測れないが、どう考えても風邪っぽい。不調を抱えたまま、明日ラオス行きの越境バスに乗るのは避けたかった。今日は早く寝よう。見つけたホテルは、久々の一人部屋というだけでなく、安いのに綺麗だった。ベトナム縦断を終えた僕にとって束の間の休息となった。

3月19日　ぼったくられたタバコ

ベトナム最後の朝は、東南アジアとは思えないほど肌寒くて、小雨が降っていた。リュックサックをビニールで覆って、初めての出番となる折り畳み傘を引っ張り出す。

昨日の頭痛は日本から持ってきた鎮痛薬の効果か、すっかりよくなった。僕は日本から薬を山ほど持ってきている。あらゆる体調不良に対応できるように、多種多様なものを揃えていた。神経質でよかった。病み上がりのような怠さと疲れだけは未だに残っているが、気持ちさえ強く持てばなんとか旅は続けられるだろう。

ラオスに向かう越境バスの指定場所まで30分ほど歩いた。風が強く、何度も傘の骨がひっくり返った。昨日、17時間も鉄道に揺られてハノイに着いたのに、今日は20時間かけて、バスで首都ビエンチャンを目指す。移動ばかりしている気がしてならない。しかし、旅を始めてからうっすらと誰かが呼んでいる声がする。その声の主は、人なのか動物なのか景色なのかもわからない。ただ、その声に耳を澄ますことだけが旅のゴールに辿り着ける唯一の手段のような気がしている。風は逆風、雨足も強まっていく。何度も立ち止まりそうになりながら歩き続けた。

タイから始まってカンボジア、ベトナムと巡り、地理的には少しずつ日本に近づいていたのだが、ここハノイを最後に僕は日本からどんどん離れていくことになる。ここからの旅は、どんどん過酷になっていくだろう。決して振り向いてはいけない。もうホームシックになっている場合じゃないのだ。そんなふうに自分を啓発しながら、ベトナムの冷たい雨に打たれた。

バス停で待っている間、ベトナムでまとめ買いしていたタバコが切れてしまったので、近くの売店に寄った。日本のタバコが売っていた。それも、僕が初めて吸った銘柄だった。思わず３つお願いした。店主は１５０万ドンを請求した。払った後にちゃんと計算したら1箱３０００円だった。昨日の宿代の3倍だった。やられた。もうおとなしくバスを待つことにする。こうして統一鉄道縦断は幕を閉じ、ベトナムに別れを告げた。

さようならベトナム。

第4章 ラオス

March 20-23, 2024

Laos

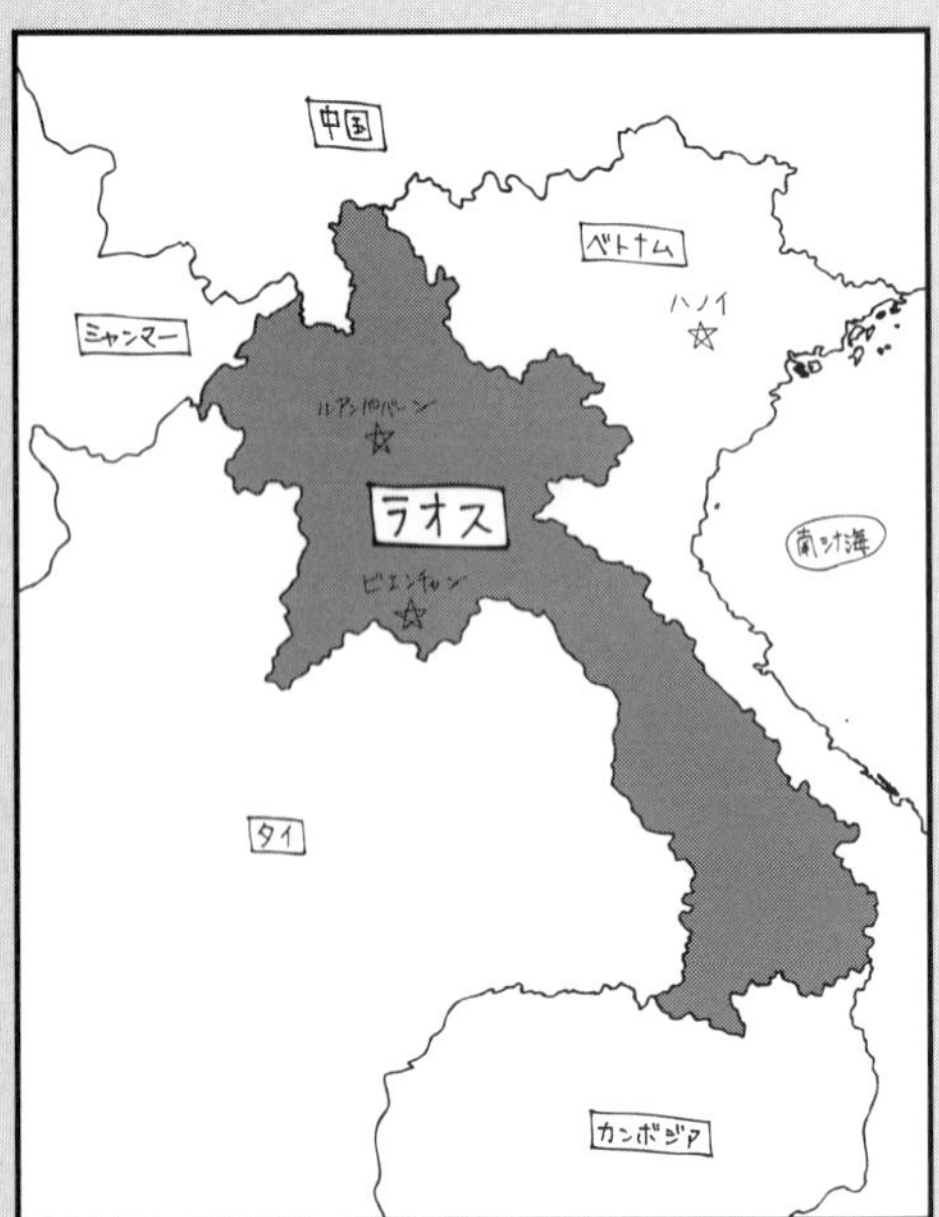
中国
ベトナム
ミャンマー
ハノイ
ルアンパバーン
ラオス
南シナ海
ビエンチャン
タイ
カンボジア

3月20日　死の陸路

あまりの寝苦しさで目が覚めた深夜3時過ぎ。僕はスキンヘッドのポーランド人と抱き合っていた……。

事の発端は昨日の15時まで遡《さかのぼ》る。予約していたバス会社の指定場所でぼったくられた日本のタバコを吹かしていると、ラオス行きのプラカードを持った1台のバイク乗りが迎えに来て、

「後ろに乗れ」

とヘルメットを渡してきた。15分ほど走った先で降ろされ、

「ここで待て」

と言われた。待つこと30分。今度は普通乗用車がやってきて後部座席に乗れと言う。酷い渋滞に巻き込まれながら国道を走ること1時間。ようやくバスターミナルへ辿り着いた。出発時刻は15時半と切符に書いてあったのに、すでに16時を過ぎている。結局、寝台バスに乗れたのは17時半を過ぎたあたりだった。

無愛想なボーイに切符を見せると、案内された席は最後尾に一つだけある3人用寝台の上

段だった。相席ならぬ、相寝台に不安を感じながら、梯子をよじ登った。寝転がって車内を見渡すと、他の乗客は一人用寝台に通されている。もしかしたら僕一人でこの３人用寝台を占領できるのではないかという希望が生まれた。期待を膨らませながら広いベッドに大の字になっていると、一人また一人と、外国人男性が相寝台へ梯子を登ってきた。窓側にオーストラリア人。真ん中にポーランド人。男３人がギュウギュウに詰め込まれ、川の字になったところでバスは出発した。

トイレ側の僕は、かろうじて真ん中に挟まれなかったことに感謝しつつ、うつろに天井を見上げた。この体勢で20時間も過ごすことを考えると、もはや開き直るしかなかった。３人で会話してみようと思い、率先して話しかけた。1時間も経たずして、僕の英語力は２人から置き去りにされた。オーストラリア人が持参したポテトチップスは、３人で仲良く分け合って食べていたのに、ポーランド人が持ち込んだサワーグミはとうとう僕に回ってくることはなかった。戦力外通告だと悟り、トイレ側に寝返りを打った。２人の楽しそうな会話を聞きながらふて寝した。

そして深夜３時、目を覚ましたのだ。雨で濡れたシューズと衣服の汗がエアコンの生ぬる

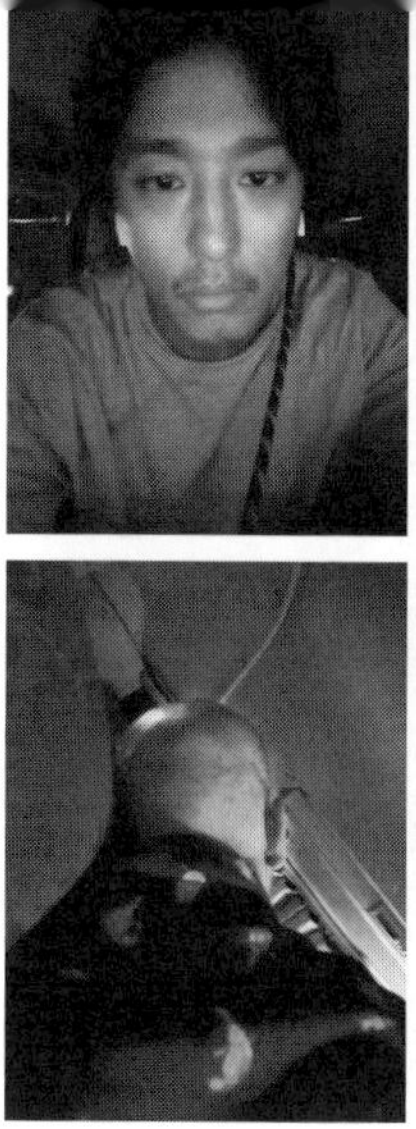

絶望的な深夜3時過ぎ……。

出発の時はまだ仲良し3人組。

い風で混ざり合い、車内は柔道場のような臭いになっていた。高校で週に一度受けていた柔道の授業を思い出した。寝苦しさの一番の原因は、真ん中のポーランド人が僕のエリアを完全に侵食しており、僕を抱き締めるように体重をかけていることだった。僕も知らず知らずのうちにトイレ側から寝返りを打っていたようで、僕らはまるで恋人のように毛布にくるまっていたのだ。彼の厚い胸板に僕の顔はうずまっており、彼の心臓の音が聞こえてきた。寝技のような体勢にまたもや柔道の授業を思い出した。

　予想だにしなかった人肌に耐えられず、一旦上半身を起き上がらせた。薄闇で目を凝らすと、窓側のオーストラリア人がこちら側にはみ出しているのが元凶だとわかった。すべての皺寄せが雪崩《なだれ》式に僕に覆い被さっていた。抜本的解決を試みようとするならば、ポーランド人どころかオーストラリア人まで起こさないとならないだろう。2人の気持ちよさそうな寝顔と、自分の乏しい英語力を勘案《かんあん》した。諦めた僕はポーランド人の身体をチョンチョンと突《つつ》いてみた。すると彼は寝返りを打ち、今度はオーストラリア人と抱き合ってくれたので、僕はトイレ側を向いてまた寝た。

「イ、イタイ」

早朝6時。ボーイに頬をペチペチと叩かれて目が覚めた。どうやら「国境に着いたから降りろ」とのことらしい。日本語どころか英語も通じないので、確かなことはわからないが、他の乗客はみんな降りている。急いでバスを降りた。ボーイの起こし方からもわかるように、寝台バスにサービスという概念は存在しない。休憩のタイミングも停車時間も正確な到着時刻も一切我々には知らされない。あるのは乗っていれば目的地に連れていくという頼りない約束だけだった。

バスから降りると、そこは真っ白な朝靄に包まれた山奥だった。まるで仙人でも住んでいそうだ。うっすら国境の関所らしき建物が見える。靄の中、列を成してゾロゾロと歩いている僕らは、亡命でもするかのようだった。

国境の審査官はバススタッフよりも恐ろしい。立ち止まっていると「行け！」と急かされる。歩いていると「どこに行くんだ！　止まれ！」と怒鳴られる。窓口では、ラオスはビザがいらないらしいのに、ビザ代として金銭を請求される。ハンコを押す手数料さえも取られた。抗議しても怒られるだけだからおとなしく支払うのが得策だ。

結局、6時に降ろされた僕たちがラオスに入国して、再びバスに乗り込めたのは、9時を過ぎた頃だった。早朝の山奥で3時間も怒鳴られ、たらい回しにされるバックパッカーは、亡命者どころか護送される囚人のようだった。雨で靴下の先までぐっしょり濡れた僕は、疲弊し切っていた。バスは労《ねぎら》う様子もなく不機嫌に出発した。

午前11時半にビエンチャンに着くと聞いていたが、午後3時を回ってもまだバスは走り続けていた。車内に甘いベッコウ飴のような匂いが漂い始めた。特に気にせずいたが、甘い匂いは次第にこげ臭さに変わり、とうとう白い煙となって車内を包んだ。

「何かが燃えている！」

騒然とする車内にボーイの叫び声が響き渡る。バスは緊急停止し、乗客は逃げるように国道沿いの路肩に飛び出した。禁煙なのにもかかわらず誰かがトイレでタバコを吸ってゴミ箱に捨てたのが火の元のようだ。ちょっとしたボヤ騒ぎに、犯人探しが始まった。トイレから離れた席に移動していた僕は容疑をかけられなかった。トイレ近くに座る黒人グループがやたらと疑われていた。ボーイからキツく尋問をされて可哀相だった。彼らは僕の後ろに座って楽しそうに会話していただけだし、煙にいち早く気づいて全体に知らせてくれていたので、犯人でないことは間違いなかった。

僕は間に入って汚名を晴らすこともできたのに、道路沿いの藪に向かって立ちションベンをしながら、違うことを考えていた。なぜバスは満員だったのに国境を越えてから人数が減ったのだろう。そういえば一緒に乗り込んだ中国人夫婦も、入国手続きの途中から姿が見えなくなっていた。僕に翻訳機で、

「ファシストは嫌いです」

と突然教えてくれたオジサン。

「中国はいいところよ」

と優しく教えてくれた彼の妻。どこに行ったのだろう。人が減ったおかげで一人用寝台に移動できたのでありがたいのだが、国境の審査官たちにどこかへ連れ去られたのではないかと心配になった。犯人が見つからないままボヤ騒ぎは収束して、バスは再出発した。

結局ビエンチャンに着いたのは18時。ハノイの指定場所に着いてから、27時間が経過して

いた。

「これが寝台バスの本領発揮かぁ」

と身も心もボロボロなのに、感心してしまった。

ベトナムからラオスの越境バスはバックパッカーから「死の陸路」と呼ばれているらしい。大袈裟でもなんでもなく本当にキツかった。人はなぜ旅をするのか、という疑問がよりこんがらがってきた。なんでこんな思いをしてまで、僕らはどこかを目指さなくてはならないのか。これが僕の「死の陸路」全記録である。

3月21日　オジサンとアイスクリーム

死の陸路で、日本人と出会った。バスターミナルのベンチで待ちくたびれている時のことだった。混み合った場内からひときわ大きな声が響いている。僕は人混みを掻き分け、その人物を見に行くことにした。聞こえてくるのが日本語だったからだ。

そこにいたのは、長くてベタッとした黒髪を頭頂部で団子の形に縛りあげた日本人男性だった。年齢は、40代後半から50代前半かと思われる。僕と同じように出発する気配のないバス会社に痺れを切らして、予定時刻を教えてほしいとせがんでいた。彼は強い口調で、バス会社のスタッフに日本語をぶつけていた。スタッフは困り顔である。バス会社にたらい回しにされていた僕には、その勇敢な姿がとても頼もしく見えたので、思い切って話しかけてみた。

「日本人ですか?」

男性はギロッと鋭い目線でこちらを見た。と同時に、バス会社への文句を僕に一気に捲《まく》し立て始めた。どうやら自己紹介はないようだ。話しかけたことを少し後悔したが、奇しくも僕らは同じ寝台バスで目的地も同じだった。場外に出て一緒にタバコを吸いながら、バス会社の悪口で盛り上がった。

バスが出発すると同時に、彼は斜め前方の席で大いびきを掻いて寝始めた。そこから27時間に及ぶ死の陸路の道中、彼はほとんど目を覚まさなかった。僕がポーランド人に抱き締められて寝苦しかった深夜。トイレのボヤ騒ぎ。気が狂いそうになるほどの長時間移動を、彼は気持ちよさそうに眠って過ごした。途中途中の休憩場所や国境手続きの時にだけ器用に起きてきて、僕にバス会社の悪口を捲し立てた。そしてバスに乗ったら、また大いびきを掻いた。

ラオスに着いた時、僕はクタクタだった。死の陸路がいかにつらかったか感想を述べると、

「え？　そんなことがあったのか。俺は爆睡してたから気持ちよかったぞ！」

と満足げに言った。あれほど悪態をついていたのに……。彼の生き方を羨《うらや》ましく思った。

旅は同じルートでも人によって景色が変わってくる。

すぐにでも宿を探して眠りたかったが、彼の誘いを断れず、屋台で夕飯を共にした。死の陸路でむしろ元気になったようで、夕食後には夜市にも行きたいと言い出した。本当に疲れていたので、さすがに断ろうと思った。なのに気づけば僕は、彼と夜市でアイスクリームを食べていた。

久しぶりに一郎さんから電話がかかってきたので、店の外に出た。

「今何してんの？　ちょっと話そうよ」

店内で嬉しそうにアイスクリームを舐めている彼の様子を見る。

「すみません。今、見ず知らずのオジサンとアイスクリームを食べているので無理です」

一郎さんはなぜか嬉しそうに笑いながら、

「まぁ、頑張って」

と言って電話を切った。

名前はヒロさん。関西弁でマシンガントークの持ち主だ。そして同じ話を何回もする。聞き役の僕は、「えー」とか「マジっすか」と相槌を打つだけ。たとえ10分前に聞いた話でも、初めて聞いたフリをした。ヒロさんは日本と海外を行ったり来たりしながら、その旅行を仕事に繋げているらしいが、何度説明を聞いてもそれがどういう類の仕事なのかはさっぱり理解できなかった。そして50カ国以上は旅をしてきた経験があるのに、英語がまったく話せなかった。現地の人にいつも日本語で話しかける。通じないはずなのになぜか通じるから不思議だ。

「すべては喜怒哀楽で表現すればいいんだよ」

と教えてくれた。正直、初対面の時はガサツで怖そうな人だなと感じていたのに、僕は彼のことを好きになっていた。

話に登場するすべての名詞の前に「なんかようわからん」とつける。ようわからん国、ようわからん女、ようわからん店、ようわからん手続き。愚痴を吐くわりには、海外が大好きらしかった。というより、日本がとにかく大嫌いだった。ヒロさんはウクライナで出会った女の子との恋の思い出や、ベトナムの売春事情、海外に潜伏している日本人犯罪者の逃亡生活など、かなり過激なエピソードをたくさん持っていた。海外で女の子をナンパする方法まで指南してくれたが、僕には真似できない高等テクニックばかりで、参考にはならなかった。彼は話し続け、僕は聞いたり聞いていたりするフリをしたりして、アイスクリームは溶けていった。

　帰り道。ビエンチャンの夜道を２人で散歩しながら、今晩の宿を探すことにした。宿がなかなか見つからない道すがら、おもむろにヒロさんは自身が旅をする理由について話し始めた。いまだに旅をする理由が見つけられない僕は、無意識に耳を傾けた。

「俺な、ウクライナ行きの飛行機に乗っててな、小便に行きたくなってトイレに行ってズボンのチャックを下ろしたんよ。ほんなら、俺のイチモツがいくら探しても見つからへんのよ。ようやく見つけたら、イチモツがとんでもなく小さくなってたんよ。エコノミー症候群やろうと思ってたけど、飛行機から降りたら、今度は金玉が何倍にも膨れ始めたんよ。急遽日本に帰って、いろんな病院で調べたら、どうも心臓が悪かったんよ。正直いつ死ぬかもわからへんって、医者に言われてるんよ。医者から旅も止められてるんやけど、どうせいつ死ぬかわからへんから、大好きな旅とタバコだけはやめんと死ぬって決めたんよ。酒はやめた。そんな好きちゃうからな」

　壮絶な話だったが、明るいテンポで笑いを交えて話すヒロさんの人生はなんだか暗い話というより落語を聞いているようだった。彼は明日、町そのものが世界遺産になっている北部ルアンパバーンを目指すらしい。今夜でお別れだ。第一印象は、ガサツで怖そう。なんの仕事をしているかもよくわからない。英語も喋れない。でも僕は好きになった。後ろをついていきたくなる背中をしていた。日本で出会っていたら、こんなに仲良くなることはなかっただろう。

ヒロさんは現金を持ち歩いていなかった。クレジットカードが使えないお店にいつも怒っていた。結局、国境で僕が立て替えてあげた入国手数料は返ってこなかった。

3月22日　ビエンチャンの闇

ラオスの風土や文化は肌に合った。日本に似ているとか過ごしやすいとかではない。どこか自分に馴染む気がした。街行く地元の女性、時折見かける寺院、空の色までが質素で美しかった。観光地によくある商売っ気が全然ない。人も建物も空も、暮らしのためだけに存在している。タイ、カンボジア、ベトナムと巡ってきたが、ラオスに来て初めてここなら住んでもいいとさえ思った。ところがそう思ったすぐ後に、心痛む光景を目の当たりにすることになった。人間と同じように、国にも光と影が存在することを痛感した。

夕暮れ過ぎ、ビエンチャンの中心街を歩いていた時のことだ。世界的に有名な電化製品メーカーの看板が並んでいて、賑わっているというより整然とした街の風景だった。飯屋でも探そうかと歩いていると、高級ホテルがあった。その横に路地があり、突き当たりには小学校のような建物があった。その中庭らしき場所で、男の子たちが和気藹々《わきあいあい》とサッカーをする姿が見えた。こんなところに小学校があるのか。暗くなり始めたというのに、お家に帰らなくていいのだろうか。不思議に思って足を止めてしまった。

すると、年齢は10歳くらいの少年３人が僕のほうに走ってきた。手を引っ張って、中庭へ連れていこうとする。自然な流れだったので、そのまま中庭に入った。一緒にサッカーでもしたいのだろうか。グラウンドをコの字に囲むように校舎のような建物が立っている。一階には寮みたいにいくつもの部屋があり、一つ一つドアが開いていて灯りがついていた。各部屋には、女の子たちがたむろしている。お喋りをしたり、ゲームで盛り上がっていたり、奥で化粧をしていたり、ぼーっと天井を見つめていたり。その光景はなぜか僕に修学旅行を思い出させた。

ここは一体なんだろう？　と疑問に思っていると、男の子たちがどんどん僕の周りに群がってきて、

「レディ！　レディ！　マニー！　マニー！」

と言ってくる。その時になってようやく気づいた。ここは置き屋と呼ばれる売春宿だった。それだけじゃない。女の子たちはどう考えても未成年だった。まだ中学にも入学していないような少女たちが短いスカートを穿《は》いて、不自然な厚化粧をして待機していたのだ。僕は言葉を失うと同時に、怖くなってしまった。男の子たちに咄嗟に、

「ＮＯ！」

と大声で叫んで、走って校庭から逃げ出した。大通りに戻ってきても、胸の動悸は収まらなかった。絶対に犯してはいけない禁忌を犯してしまったような感覚に襲われた。無知を言い訳に、踏み入れてはいけない領域に足を踏み入れてしまったのだ。少女たちが僕のほうを一斉に見つめてきたあの目が、脳裏に焼きついて離れない。

通りには駄菓子屋があり、少女たちがお菓子を買っていた。そして、キャッキャふざけ合いながら、置き屋へと戻っていった。駄菓子屋の大人も咎《とが》める様子はない。どうやら未成年売春に見て見ぬフリをしているようだ。幼い男の子が幼い女の子の身体を売る。

どこからどう見ても、建物と中庭は小学校にしか見えなかったし、少年少女もその光景にふさわしい見た目だった。しかし実態はあまりにもかけ離れたものだった。僕なんかには計り知れないような貧しさや苦しみがあって、そうせざるを得ないのだろう。なんとも形容しがたい感情に陥った。

気づいたら、宿までバイクタクシーもトゥクトゥクも使わずに1時間以上かけて歩いて帰っていた。美しい街並みと優しい国民性。そして屈託のない笑顔で、同級生を売りにかける少年たちと、厚化粧の奥にあどけなさを隠す少女たち。感情の出口が見つけられないまま、宿のテラスでタバコを吸って吐いた。日本で不自由なく暮らす僕が、彼らの行いを咎めたり憂いたりする権利があるのだろうか。答えの出ないモヤモヤを抱えながら、一夜を過ごすことになった。

3月23日　フランスガールとラブロマンス

僕はこの旅で初めて同じ共同宿に連泊した。それも3日間連続だ。本当はすぐ列車に乗って、ルアンパバーンを目指したかったのだが……。それはまた別日に振り返るとして、3日間も同じ宿に泊まるとちょっとした安心感が生まれる。重いリュックサックを預けっぱなしにできて楽だし、宿探しをしなくていいのは助かる。何より、隣のベッドに泊まっているフランスガールが可愛い。その3つが連泊の理由だった。主に3つ目が一番の理由であることは言うまでもない。初日に荷物を整理している時、僕が衣服を入れた圧縮袋の空気を抜いていると、彼女が話しかけてきた。

「それ便利だね、すごい！」

この旅で褒められることなんてまったくなかったし、その子はチリチリの髪の毛とエキゾチックに日焼けした肌がとても似合っていたので、ついその貴重な圧縮袋を一つあげてしまった。男ってのは単純だ。

それ以来、会うと挨拶する仲になっていた。何度か夜にテラスでタバコを吸いながら話もした。その子は昼過ぎにレンタルバイクでどこかに出かけ、夜は遅くまで起きていた。特になんのラブロマンスも生まれなかったが、チリチリヘアとベッドに干してある下着に、僕はいつもドキドキしていた。

今日はチェックアウトする日で、朝早く起きた。部屋を出る前に一度隣のベッドを振り返ったが、その子の姿はもうなかった。別れの挨拶もないままラオスの日々が終わりかけていた。

ビエンチャンでは観光めいたことをしてこなかったので、バスに乗って遠出した。といっても40分ぐらいだけだ。向かったのはブッダパーク、つまり釈迦の公園ということか。入場料を払って中に入ると、さまざまな仏像が点在していた。一通り見て回るのだが、つくづく僕は観光に向いていなかった。ブッダ像が見ろと言わんばかりの威厳を放っているから一応見ているだけで、何も感じないのだ。立派な広さの公園を、30分も経たずに一周してしまった。

僕の感受性はいつからエラーを起こしているのだろう。何も感じない。昔、友達のカメラマンの写真展を訪ねた時のことを思い出した。名誉ある賞をとったらしく、彼にとって最大規模かつ華々しい展示だった。お客さんもたくさん来ていたし、有名な商業ビルで開かれていた。彼から、

「外で待ってるからまずは見てきて」

と言われた。会場を一周し、数多くの素晴らしい写真を見た。受付の外で待っていた彼は、出てきた僕に目を丸くした。

三脚を立てての撮影も上手になってきた。
一人ぼっちには見えない楽しそうな表情はニセモノ。

「本当に見たの？　まだ5分しか経ってないよ……」

と唖然《あぜん》としていた。確かに一枚一枚しっかり見届けたのだ。ただ、一枚につき何秒見ればいいのかわからなかった。写真展を見て回る一般的なペースなんて、誰も教えてくれなかったじゃないか。なんだか恥ずかしくなって、彼への罪悪感に苛《さいな》まれながら家に帰った。

ブッダパークを出た僕に向かって、ブッダがあの時の友人と同じセリフを言った気がした。

「本当に見たか？　まだ数十分しか経っていないぞ……」

せっかちは不治の病かもしれない。

明日は早朝から飛行機に乗るため、今夜は空港近くのホテルを予約した。その辺りには共同宿がなかったので、少し値段は高かったが、一人部屋に泊まれることになった。一人部屋なんて久しぶりで、ホテルに向かう道中は気分が上がっていた。

カメラのタイマーは10秒。
押してからダッシュしてポーズを決める。

しかし着いてみると、ラオスで一番かと思うほどのド田舎で、周囲には店も見当たらず、どの家も家畜を放し飼いにしていた。嫌な予感がしてきた。ホテルに着くと門の横に巨大なガチョウがいて、僕を見るなり凶暴化し、わめきながら襲いかかってきた。いつものように自撮り棒を振り回して必死で逃げ切り、チェックインカウンターと思われる小屋に飛び込んだ。ホテルというより、牧場に来たような感じだ。

鍵を渡されて部屋に入ると、思っていたよりも綺麗で広かった。部屋は白で統一されていて、ベッドも大きかった。重いリュックサックを置いて、べッドに寝っ転がった。目の前に蚊が1匹飛んでいる。アジアにおいて、蚊はマラリアの媒介動物である。刺されて感染したら非常に危険だ。潰そうと思って追いかける。さらに2匹発見。とりあえず1匹に狙いを定めて、思いっ切りバチッと叩いた。

その瞬間、その衝撃音によって目覚めた無数の蚊たちがブワーと部屋中に出現した。決して大袈裟に言っているわけではなく、しっかりと100匹はいた。いや、もっとかもしれない。真っ白な部屋に明るい蛍光灯で照らされた100匹の蚊。言葉を失った。その後、タンスの中から50匹、トイレの便座からもう20匹が追加された。挙げ句の果てには、冷蔵庫を開けると中からダメ押しの1匹が現れた。このホテルは蚊の楽園だったのだ。僕にとっては地獄でしかない。

戦意喪失した僕は蚊退治を諦め、気休めに虫除けスプレーを全身に振りかけた。開き直って、ロビーでビールを大量に買ってきた。今までで最もキツい夜になるかもしれないが、酔っ払ってやり過ごすのだ。俺の血液を吸いたければいくらでも吸いやがれ。そして、お前らも酔っ払え。蚊たちと戯《たわむ》れながら、夜更け過ぎに酔い潰れた。スプレーの効果か、彼らは一向に刺してこなかった。もしくは僕の血は好みじゃなかったのか?

第5章　中国

March 24.25, 2024
China

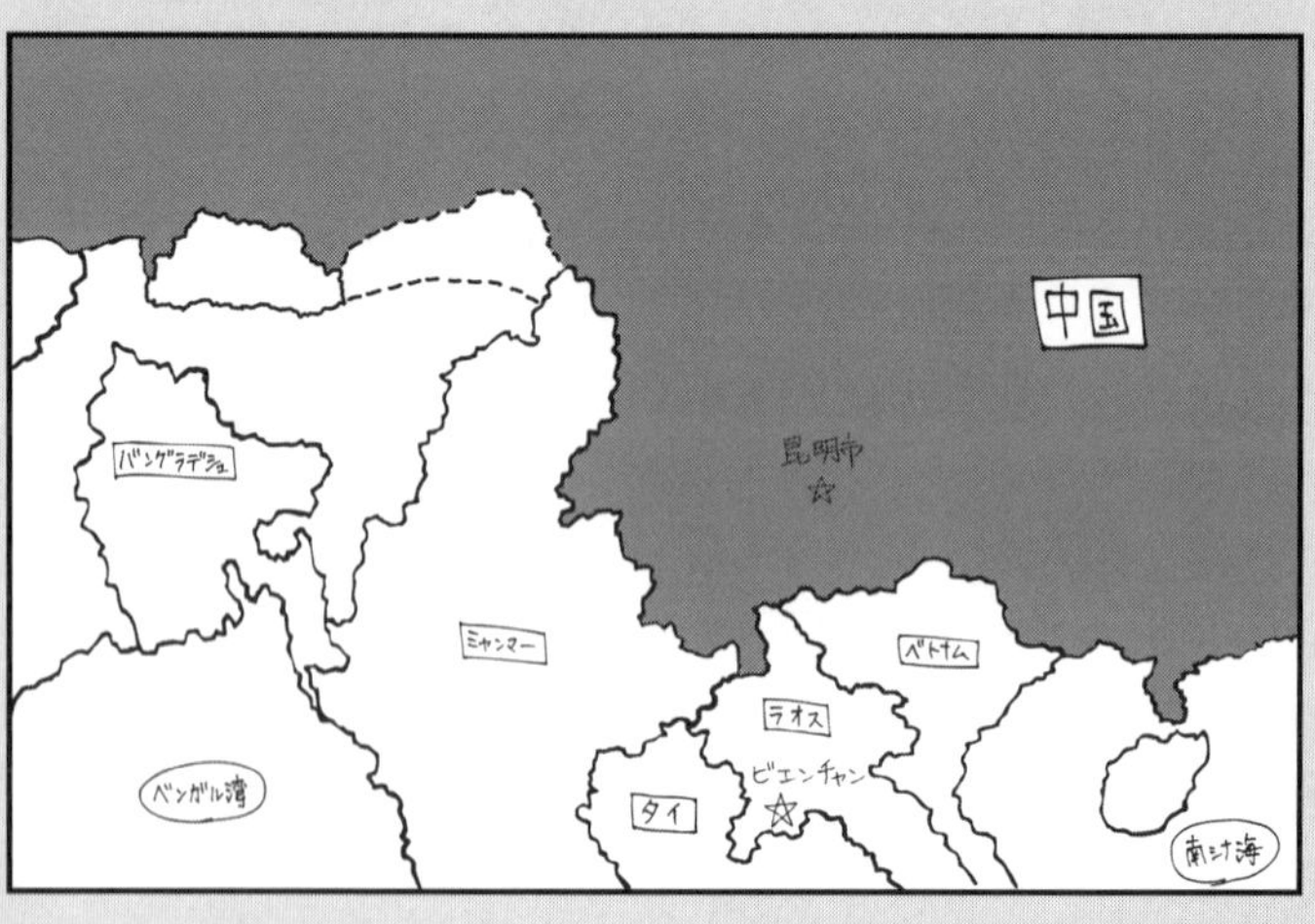
中国
昆明市
バングラデシュ
ミャンマー
ベトナム
ラオス
ビエンチャン
タイ
ベンガル湾
南シナ海

3月24日　中国大使館との激闘

中国にいた。これまでの人生は、なるべく計画的に生きることがモットーだった。いや、モットーなんて掲げるほど僕は真面目じゃない。度胸のない僕は、道筋を整えることでただ先の見えない不安を少しでも解消したかっただけだ。この旅では、未来をいちいち考える余裕がない。目の前の事象に対峙しているうち、刻一刻と未来は変化していく。

本来ならば、東南アジアから南アジアを巡る冒険。タイ、カンボジア、ベトナム、ラオスを制覇した僕はお隣のミャンマーを陸路で横断して、南アジア入りする計画だった。そんな僕の前に立ち塞がったのは、ミャンマーの情勢。クーデターの影響で、国内は非常に不安定とのこと。外務省からは「不要不急の渡航は中止」という警告が出されていた。

不要不急過ぎる僕の足は止まった。陸路にこだわり続ける限り、東南アジアはここで行き止まりだった。それでも強行突破を試みようものなら、肩書きを新米バックパッカーから戦場ジャーナリストに鞍替えしなくてはならない。無事に生きて帰ってこその旅、というゴールを掲げている以上、空に活路を見出す必要があった。

まず作戦を練ることから始めた。いろいろルートを調べると、ラオスからバングラデシュに向かうには、飛行機でミャンマー上空を通過するのが最適に思われた。しかし、そもそも直行便がない。次に考えたのは、一旦スタート地点のタイ・バンコクまで飛行機で戻り、そこからバングラデシュまで乗り継ぐというもの。この案が最も効率的、かつ他に策はない気がしたが、このルートを心が嫌がった。乗り継ぎとはいえ、すでに訪れた場所に引き返すのはどうしても納得がいかなかった。僕がバンコクに戻るのは、この旅の最後、往復で購入した日本行きの飛行機に乗る時だけだ。

聞き分けのない心と何度も相談し、考え抜いた末に新たな発想が生まれた。地図をはみ出せばいいのだ。ラオスの上には、中国が広がっていた。そうか、東南アジアを出てしまえばいい。まったく視野に入っていなかった中国へ迂回するという作戦が、心もヘソを曲げない最善案だった。

「これで満足だろう？」

と心に言い聞かせ、早速ビエンチャンの中国大使館を訪れた。この選択がまさか、困難を引き起こすとも知らず……。

日本のパスポートは世界でトップクラスの効力を持つと聞いていた僕は、これさえあればなんとかなるだろうと呑気に大使館の門扉をくぐった。窓口でパスポートを渡して中国に行

きたい旨を伝えると、メガネをかけた無愛想な女性職員に、

「書類は？」

と聞かれた。「書類とは？」という表情を見て、職員は分厚い書類の束をポンポンと手で叩きながら、

「これを持ってこい」

と冷徹に言った。知識のない僕はうろたえた。まずどうやってその書類を作るのか教えを乞うことにした。職員はピリピリしつつも僕に指示を出した。なんとか情報を入力して窓口に戻ると、今度はこう言う。

「中国行きの旅券と滞在先の情報を持ってこい」

急いで外に飛び出して、勢いのまま中国行きの航空券と現地の宿を予約した。その二つの情報を持って窓口に行くと、次のお題が待っていた。

「印刷をして持ってこい」

「プリンターはどこにある？」

「大使館にはないから、外で探してきてくれ」

僕は外に出た。コンビニなどあるわけがない。国道沿いに立ち並ぶのは、果物と野菜を売

っている長屋や車の解体工場ばかり。

「今からラオスでプリンターを探すのか？」

超難度の借り物競走に参加してしまった。必死に通行人や商売人に聞き込み調査を開始した。30分後、大使館から徒歩10分の場所で印刷屋を見つけた。世の中に見つけられないものなんてないのかもしれない。必要書類を印刷してもらって、再度大使館に戻った。ふう。ようやく、ビザを取得できるぞ。女性職員は、ジロジロと書類を眺めてから受理はしてくれた。しかし、こう言った。

「ビザ発行手続きには1週間かかるので、1週間後に取りに来てください」

先ほど予約した航空券も宿も2日後の予定だ。そんなのむちゃくちゃじゃないか！　なんとかならないかと必死にゴネる。

「早くほしいなら、これらの書類をすべて中国語に翻訳して持ってきてください」

彼女は迷惑そうだった。ここまで来たら、この借り物競走は絶対に勝ってやる！　大使館を飛び出した。近くのカフェで翻訳機を使って必死に中国語に訳す。すでに4回も突き返されている僕は、尋常じゃないほど汗を掻いている。翻訳が終わると、急いでまた先ほどの印刷屋まで走る。

ようやく必要書類が完成したのは、大使館が閉まる10分前だった。風のように国道を駆け抜けていく。繰り返しの往復で道順は完璧に覚えている。ありがたいことに、角の芝生で気持ちよさそうに猫が眠っていた。その猫を目印に曲がれば大使館へ着くことを覚えていたので、迷うことはない。大丈夫だ。相変わらず同じ体勢で眠ってくれている。もうすぐだ。スピードを上げた。

窓口で書類を出すと、女性職員はメガネを光らせ、書類を確認し始めた。これで受理されなければ心は折れてしまうだろう。ラストチャンス。僕はバケツの水を被ったような汗だくで泣きべそを掻いていた。そんな姿で結果を待つ日本人を見て、とうとう厳格かつクールな女性職員は吹き出した。つられて他の職員たちも笑い始めた。

「後はこちらでなんとかします。明日、取りに来てください」

と言った。バンドでメジャーデビューが決まったと知らせを聞いたあの日より、単位ギリギリで大学の卒業が決まったあの日より、あらゆる合格通知よりも嬉しい瞬間だった。

晴れやかな気持ちで大使館を出た帰り道、辺りはもう薄暗くなっているのに、猫はまだ同じ体勢で寝ていた。近づいてちゃんと見たら、身体中にハエがたかっていた。今日一日大使館への道標になってくれたことへのお礼と猫の成仏を祈って、手を合わせた。

翌日、大使館で無事に中国行きのビザを手に入れた。後に知ったのは、中国は世界トップレベルでビザの取得が難しいということ。僕のビザの領収書には「特急」と記されている。本来は申請から受け取りまで1週間かかるのが定石らしいが、僕の汗と涙が中国大使館に伝わったのだ。たった1日で手続きを完了させてくれた。ビエンチャンから中国の昆明市までは、飛行機でたったの2時間だった。しかし、大使館との激闘を生涯忘れることはないだろう。

汗と涙の領収書。

3月25日　昆明市でギター

ミャンマー迂回のため打開策として降り立った雲南省昆明市は、驚くほど近代的で過ごしやすい都市だった。まるで東京の表参道のような街並みだ。天気は快晴、気温はグッと下がって少し肌寒いが、湿度を感じなくて済む。ビルの隙間からは気持ちのいいそよ風が通り抜ける。東南アジアを抜け出したことを気候で感じた。僕にさまざまな試練を与えてくれた東南アジア。今となっては、あのジメッとした空気や雑多な交通網も愛おしく思えた。それでも、日本と同じ東アジアの都市は僕に安心感を与えた。

昆明市内には共同宿は一つしか見つからなかった。宿名に青年という漢字が入っていたので、

「32歳でも大丈夫だろうか？」

と不安に思ったが、勇気を出して入ってみた。木造りのおしゃれなカフェに併設されたチェックインカウンターは、スタッフも若くて活気に溢れていた。僕が、

「大人でも泊まれますか？」

と聞くと、親切に手続きをしてくれた。宿泊客の大半が中国国内からの若者のようだ。中庭にはビリヤードや卓球台があって、ワイワイ遊んでいる。カフェのテーブルでは学生が勉強をしている。なんだか学生寮のような雰囲気だ。その輪の中には決して入れないが、テラ

ス席に座って眺めているだけで楽しい。近くにはマーケットと飯屋も多い。何より飯が美味い。テキトーに入った店は信じられないほど美味しかった。中国でラーメンとチャーハンを食べる日が来るとは思わなかった。

夕暮れ時、誰かのギターが中庭の椅子に立てかけてあった。自分がミュージシャンだったことや、つい1カ月前には人前で演奏していたことを思い出し、手に取ってみた。ポロロンと手始めに鳴らす。少し弾いて恐ろしいほどヘタクソになっていることに気づいた。慌てて置いてあった場所に戻してしまった。3日サボれば、ダメになるといわれている奏者の世界で、1カ月も楽器と無縁の生活を過ごせば当たり前のことだろう。

それよりも、問題なのは心境だ。久しぶりに弾けば心が沸き立つと思っていた。もしかしたらメロディと言葉が溢れ出てくるかも、なんて淡い期待もしていた。それは願望に近いただの幻想だった。現実は、アコースティックギターとの冷え切った関係性、赤の他人のような感触を味わっただけだった。これはいよいよミュージシャンは引退だな。旅の経験を活かして、旅行代理店に就職できないだろうか、と考えた。でもダメだ。もしなれたとしても、僕が人に旅行を紹介しようものなら、つらいことやしんどいことばかり教えてしまうだろう。みんな旅行なんかしたくなくなる。僕は旅が嫌いな旅人。僕の未来は、恐ろしいほどに先が見えないものになっていた。

「帰ったら、何をしよう？」

しょぼくれて、ローカルビールを飲みながら中庭で佇んでいると、中国人の男の子が話しかけてきた。22歳の彼は中国の大学で日本語を少し習ったことがあるらしい。

「ソノタバコ、ニッポンノデスカ？」

と僕が吸っているタバコのパッケージを指差して聞いた。1時間ほど、彼は片言の日本語、僕は片言の英語で話をした。なんとも複雑なキャッチボールだが、意外にも通じ合えて楽しかった。来年、日本でエンジニアとして働くことになるかもしれないと彼は言った。素性を明かしていた僕は、

「じゃあ、もし日本に来たら僕のライブを観に来て！」

と言った。彼は喜んで連絡先を渡してきた。ついさっきギターの腕前に失望し、引退を考えたばかりなのに、ライブに誘っている自分の軽薄さに驚いた。習慣とは誠に恐ろしい。ちょっとでもギターを弾く習慣がなくなれば、一瞬で素人同然にまで劣化する。そのくせミュージシャンとして友達をライブに招待するという、長年の習慣は消えないのだ。僕はまだミュージシャンなのか？　それとももうミュージシャンじゃないのか？

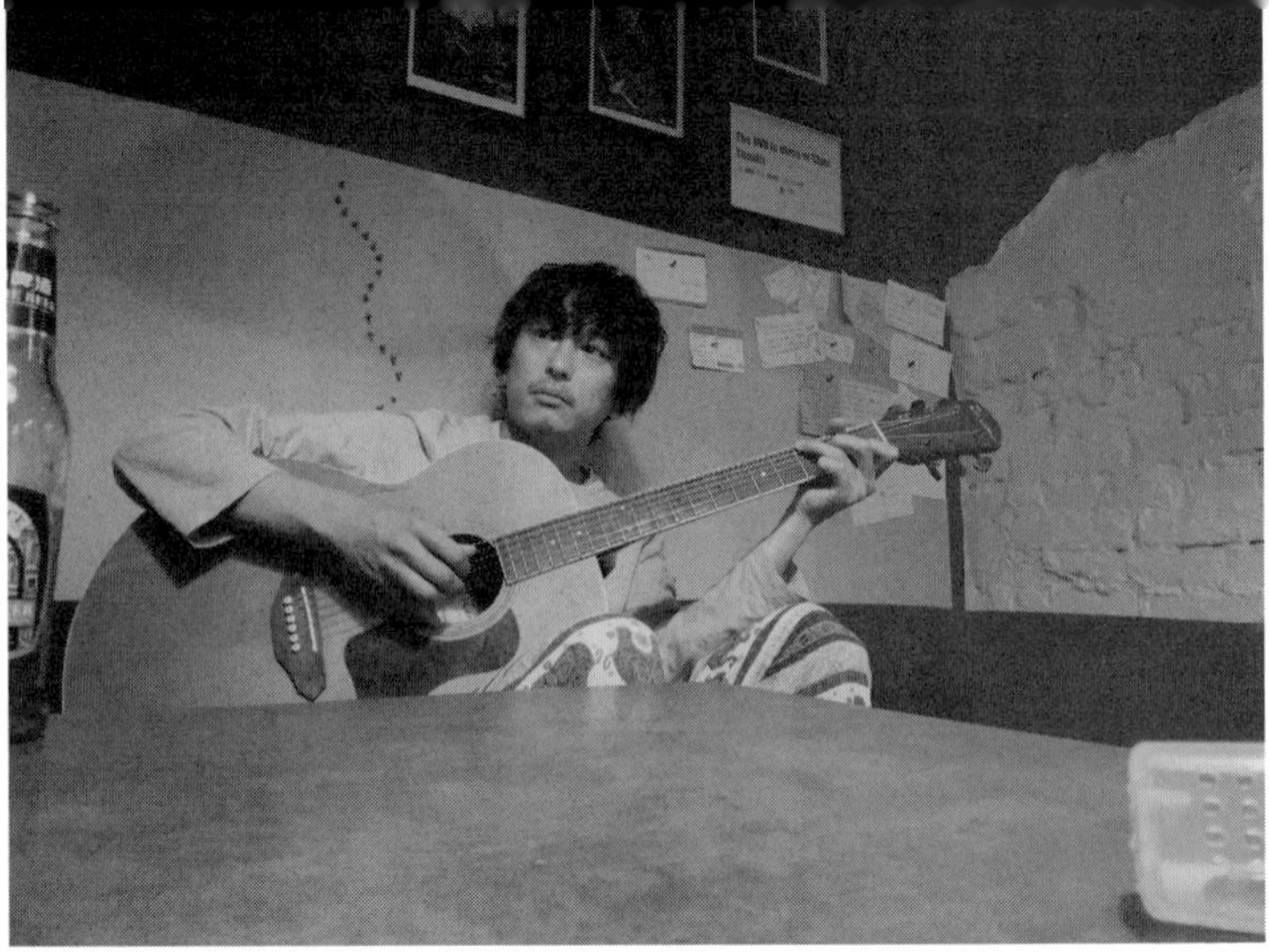

せめて顔つきくらいはミュージシャンのように。

この偶然立ち寄った都市で、自分がまだ迷子であることを再認識した。東南アジアを駆け抜けたからといって、僕は何も成長できずにいた。僕をずっと呼ぶ声の主が誰なのかもわからないままだ。もしかしたら、東南アジアにはその答えはなかったのかもしれない。明日は飛行機でバングラデシュへと向かう。今は前に進むしかないのだ。

第6章 バングラデシュ

March 26-29, 2024
Bangladesh

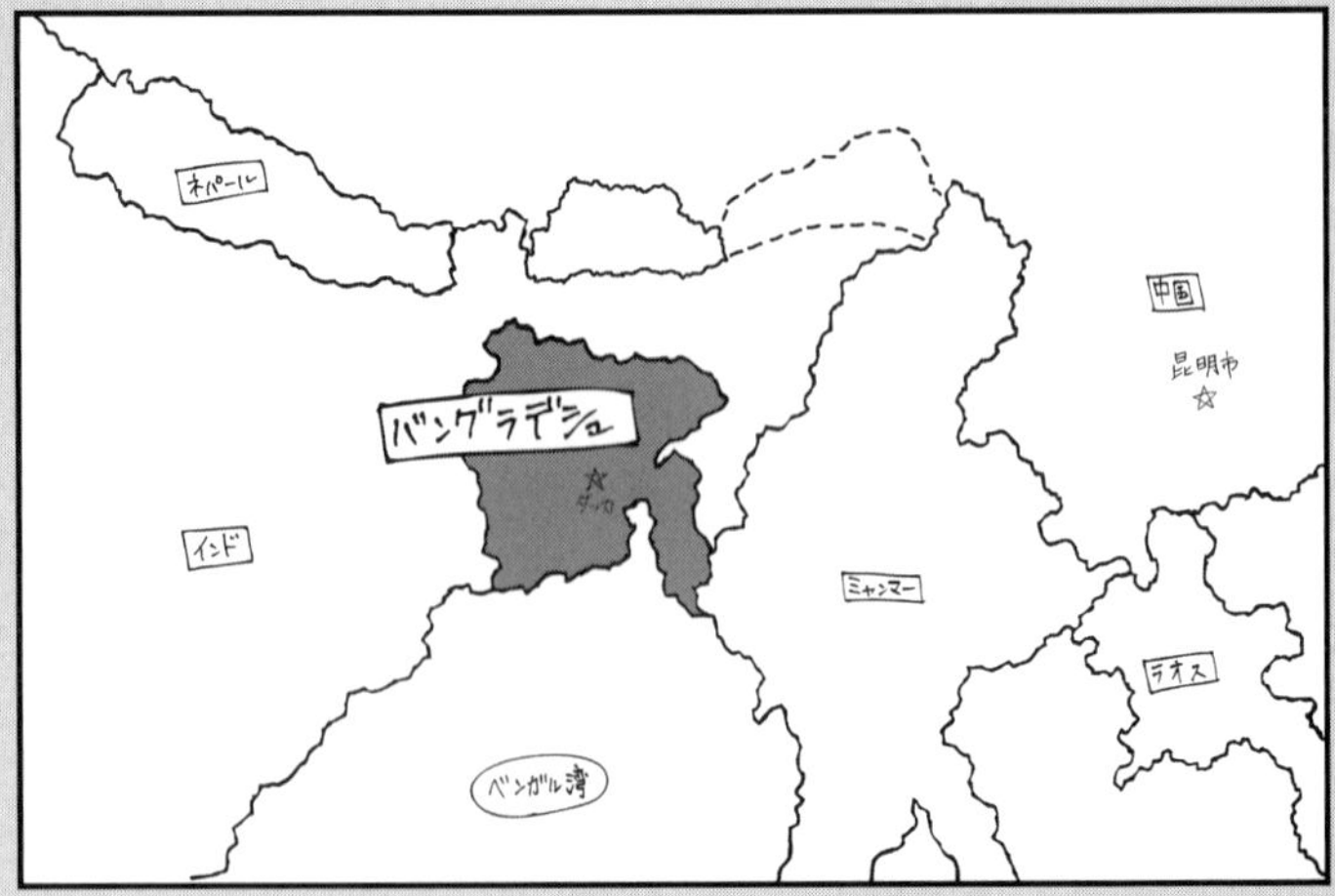
ネパール
中国
昆明市
バングラデシュ
ダッカ
インド
ミャンマー
ラオス
ベンガル湾

3月26日　ダッカで再び過呼吸

とうとう南アジアに足を踏み入れてしまった。バングラデシュの首都ダッカは、「リトルインド」と呼ばれているらしい。カトマンズの次にインドを目指す心づもりのくせに、依然としてインドには怯え切ったままだ。もはや一生辿り着かないでくれと願っているが、着実に近づいてきてしまった。地理的にはインドの真横。バングラデシュに適応することができれば、少しは恐怖も和らぐはずだ。「リトルインド」とはいえ、あくまでもリトル。大丈夫……なはず。各国での経験から自信もついた。旅を始めた頃の僕とは違うのだ。自らを奮い立たせてから、シャージャラル国際空港を出た。

これまでの国とは何もかもが異なると瞬時に感じた。東南アジアと似ている部分があるはずだ、と周りをキョロキョロ眺める。残念ながら、見当たらなかった。心にズシッと不安がのしかかる音がした。旅の初日、バンコク以来の感覚だ。路上を行き来するリキシャなる乗り物。それもとてつもない数がひしめいている。浅草の人力車と同じような形状だが、引っ張るのは自転車を漕ぐ目つきの鋭い男たち。ひっきりなしに僕に、

「乗れ！」

と怒鳴ってくる。女性は真っ黒な衣装で身を覆い、目元だけを覗かせている。そして、街ゆく人が僕をじっと見つめている気がする。実際に、彼らの多くは僕の足先から頭までをじっくり眺め、ウエストポーチがある腰あたりで目を止めた。声をかけてくることもあったが、何を伝えたがっているのかわからなかった。車やバイクのクラクションでさえ、聞いたことのない奇妙な音だった。交通量は多いのに横断歩道などなく、道を渡りたくてもまったく渡れない。

陸路での国境越えは過酷だが、地続きゆえに文化のグラデーションが緩やかだ。中国を迂回してミャンマーを空路で越えてきたことで、一気に環境が変わってしまった。その変化にまだついていけない。大きなリュックサックを背負う仲間の後ろ姿を探すが、バックパッカーは忽然と消えてしまった。ここは来ていい場所だったのだろうか？

僕は旅を始めた頃にすっかり戻ってしまった。不安で怖くて情けなくて、過呼吸をぶり返

「リキシャ」という呼び名は本当に日本の人力車から来ているらしい。

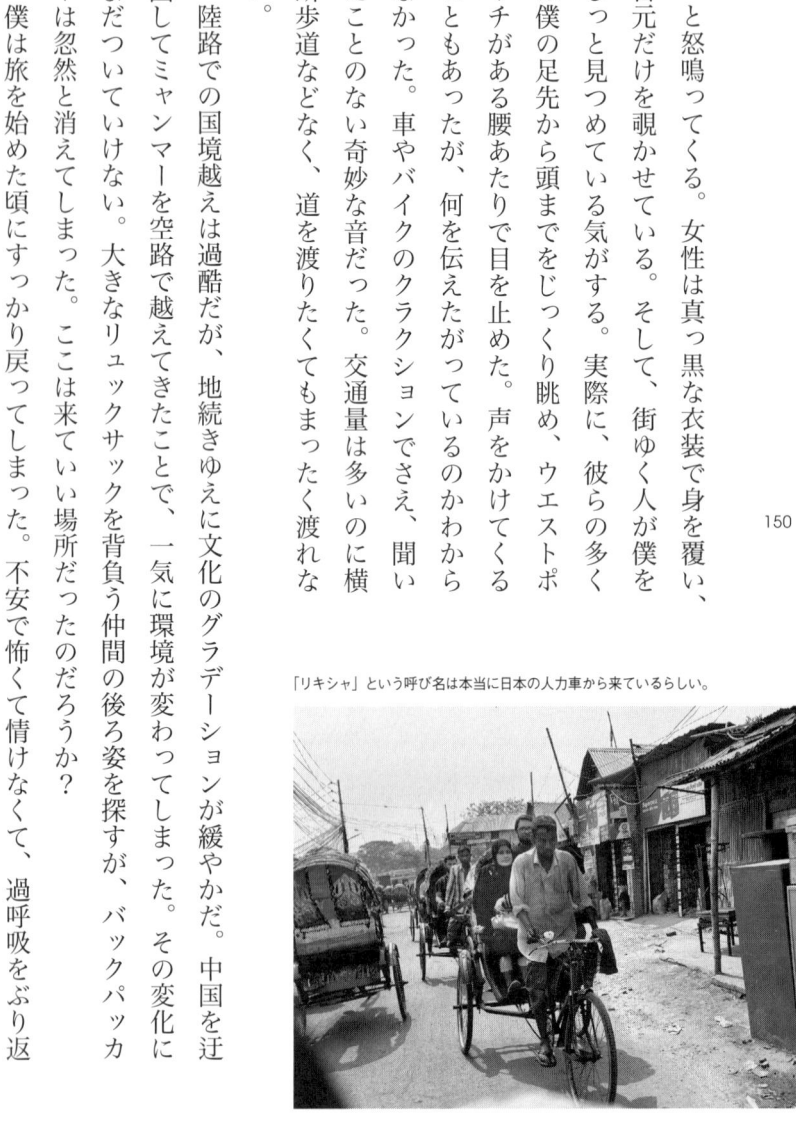

1本のロープで括られた3匹のヤギ。

街は乱雑に絡まった電線だらけ。

していた。人種や肌の色なんて関係ないと思って生きてきたつもりだったが、いるはずのない日本人を無意識に探してしまった。そんな自分が余計に情けなく思えた。

　空港からなんとか共同宿に着いた時には、バンコクで経験したような、汗だくで手足に力が入らない状態になっていた。そして夜を待たずして蕁麻疹が出ていた。機内で小さいパン切れを食べただけだったが、食欲がなかった。よくない兆候だ。なんだか、スゴロクで振り出しに戻ったような気持ちだ。積み重ねた経験も自信も偽物だったのか？　それとも水の泡となったのか？　どこまでいっても僕は気弱な旅人のままだ。

　共同宿は雑居ビルの5階だった。駐車場の奥に進むと、階段を見つけた。薄暗い駐車場では路上生活者の老人が暮らしていて話しかけられたが、呼吸が苦しくてそれどころではなかった。とにかくベッドで横になりたい。雑居ビル内は電気がついていなくて、階段や踊り場はカビ臭かった。宿の看板を見つけたが、扉は鍵がかかっていた。インターフォンを何度押しても、反応がない。何十回も連打して、待つこと10分。目つきが悪くてボサボサ頭のボーイがようやく開けてくれた。そして、宿の中も灯りがついていなかった。チェックインを済ませると、部屋に案内された。

独房のような何もない白塗りの部屋に、ポツンと3段ベッドが置いてあった。2段目が割り当てられ、荷物を置いた。今までのように孤独を救ってくれる同居人の姿はなく、泊まっているのは僕一人だけだった。プールやバーがある陽気な宿が素晴らしかったことを思い知る。どこかで欧米人はパーティーをやっていないだろうか。

とにかくスゴロクは振り出しに戻ったのだ。過去の経験にすがらず、この国からやり直そうと思った。そうしなければ、ここから始まる後半戦を乗り切れる気がしない。南アジアでまたゼロから旅を始めよう。

外に出て、近くのカフェまで散歩した。物乞いに金をせがまれ、リキシャに乗せられそうになりながらカフェを見つけた。コーラを氷なしで注文して半分残した。悪あがきはよそう。

何もバングラデシュは悪くない。僕が対応できていないだけだ。今日はおとなしく眠り、明日から始めればいいのだ。諦めて宿に戻った。

先ほどのボサボサ頭のボーイにタバコをくれとせがまれ、ベトナムで3倍以上の値段で買わされた日本のタバコを1本あげた。残り少なくなっていたので嫌だったが、今日の僕に断る元気はなかった。床がヌルヌルして、カビだらけのシャワー室で身体を簡単に洗った。電気を消してベッドに寝転ぶと、枕元のコンセントからバチバチと音を立てて火花が散っていた。

3月27日　ボーイとベランダ

幼い頃は暗闇が苦手だった。毎年お盆の時期になると、九州地方にある祖父母の家で寝泊まりした。小学5年生になっても、僕は夜中にトイレへと繋がる真っ暗な廊下が怖くて、一人では歩けなかった。勝手知ったる東京の家とは異なる雰囲気の廊下。僕に霊感があったからじゃない。何者かが潜んでいるから怖かったんじゃない。何者かが潜んでいるかどうか、目で見えないことが怖かった。

五感か知識のどちらかで安心を確認できない時、人間はネガティブな妄想ばかりが浮かぶようになっているのかもしれない。僕の場合は極端に、「知らない」ことや「わからない」ことが「恐怖」に直結してしまうのだ。この旅で、その性質を改めて実感させられた。でも僕はもう子どもじゃない。一緒にトイレについてきてくれる祖父母もいない。残るは一つ、自分を信じることだ。

旅を初めからやり直す。あの日を思い出すんだ。僕の心情は、バンコクに着いた初日と一致していた。見慣れない風景、人種、文化。そしてのしかかる不安と苦しい呼吸。心が折れた時は、行動のみが自分を勇気づけてくれる。些細なことでも一日の目標を決めて、それを丁寧に遂行する。そうすれば少しずつ自信がついて、エネルギーが湧いてくるはずだった。

目覚めは悪くなかった。今日、やるべきことをまとめた。というより、やれそうなことをまとめた。美味しいと評判のカレー屋に行って、バングラデシュカレーを食べる。食欲が出てきたのだ。その後、マーケットに行って分厚くて長い靴下を買う。短い靴下ではくるぶしを蚊に刺されてしまうからだ。そして、有名な議事堂を見て宿に戻ってくる。名所でも眺めれば気分も晴れると思った。日本にいた時はいとも簡単にこなせる行程だが、今はそんなことでも無事にクリアできたら自信になる。

宿を出てバイクタクシーを捕まえた。東南アジアの交通事情もジェットコースターのようだったが、バングラデシュの首都ダッカはそのはるか上だった。

「ぶつかる！　事故だ！」

と何度も命を諦めた。ところが不思議なことに、無秩序のようで彼らはお互いにクラクションでコミュニケーションを取り合っている。途中から目を閉じて、取り巻く状況を遮断した。

ようやくカレー屋の前で降りると、扉は閉まっていた。外観だけでも美味しさが伝わり、24時間ぶりの飯に腹が鳴った。午前11時オープンと書かれていたので、外で待った。11時30分になっても門は開かない。飲まず食わずでさすがにふらついてきたので、一旦隣のレストランに入ってコーラを飲んで血糖値を上げることにした。ボーイは優しくて、僕が日本人と知ると、

「いい国だよね」

と言ってくれた。

「隣のレストランは何時になったら開くの？」

と聞くと、ボーイは言った。

「ラマダン」

どうやら今バングラデシュは、宗教上の理由で1カ月断食のようなことをしているらしい。目当てのカレー屋は日中休業していて、夜になったら開くかもしれないと教えてくれた。無教養の僕でもラマダンについて聞いたことがあった。不思議と納得して、

「せっかくここまで来たのに」

とは思わなかった。落胆するのは、宗教を信仰して断食する方々に対して自分勝手だと感じたのだ。とにかく空腹は限界に達していたので、その店でタンドリーチキンとサフランライスを注文した。久しぶりの食事は美味かった。食後にバナナシェイクも飲み干し、腹一杯になって店を出た。

さあ、靴下を買いに行こう、とバイクタクシーに乗ったが、満腹による睡魔が襲ってきたので宿に戻ることにした。ベッドで仮眠を取ろうとすると、昨日のボーイがまた、

「タバコをくれないか」

と話しかけてきた。断れずに2人でベランダに出てタバコを吸った。彼も、僕が日本人と

知ると優しい顔になった。昨日の態度が嘘のように接しやすい男だった。現地で人気のクリケット、僕が好きな野球、彼の恋愛話。語り合ううちに、すっかり夕暮れになっていた。

ふと、今日は行程を一つも達成できていないことに気づいた。同時に、心が落ち着いて正気を取り戻していることにも気づいた。目当てのカレーも食べられず、靴下も買えず、議事堂にも行けなかったが、この国の文化、風習、宗教について知れたし、何よりバングラデシュが親日であることがわかった。振り返ってみれば、昨日のカフェ店員も日本人と聞いて微笑みを浮かべた。さっきのレストランでも丁寧にもてなされた。すれ違う人々も、日本人が歩いているのを珍しさと興味で眺めていただけなのかもしれない。誰一人、僕に悪さをする人間はいなかった。

昨日は何もかもが、幼い頃のように未知だった。暗い廊下で怯えていただけの話だ。恐れず闇と向き合えば、必ず光は差し込む。そして道は開ける。僕のスゴロクは振り出しに戻っていなかった。

3月28日　ジャックのお店

両足首に数カ所、虫刺されの跡があった。くるぶしがやけに痒い。やはりここからは、虫除けスプレーだけでは防げないようだ。南アジア旅に向けて、本格的に丈の長い靴下を探すことにした。

旅に出る直前。都内にある海外旅行者用のワクチンを専門で扱う病院を訪ねた。パソコン画面でアジア全土の地図を見せてくれた。黄、オレンジ、赤で色づけされており、医者はこう告げた。

「地球上で最も人間を殺している動物は蚊です。マラリアは蚊を媒介として感染します。こちらがリスクマップです。赤が危険地帯、オレンジも危ないと考えてください」

南アジア全域がオレンジに染まり、インドはほとんど真っ赤だった。マラリアには3種類あり、場合によっては刺されてから24時間以内に死ぬかもしれないことも教えられた。

「マ、マラリアのワクチンはないんですか？」

震えながら質問した。すると、医者は淡々と続けた。

「ありません。マラリアの有効な予防法は2種類です。高額な薬を毎日飲むか、もしくは日本に留まることです」

そんなに怖がるなら行くなよ、という本音が医者の顔に書いてあった。でも僕は行かざるを得ない。一応、マラリアの予防薬の値段を聞くと、びっくりするほどの高額だった。そして、副作用のリスクも高かった。その日は、腸チフスとA型肝炎の注射だけ打ってもらうことにした。

狂犬病は走って逃げればなんとかなるが、蚊に対してはどうしたらいいのか、さっぱりわからなかった。せめてもの思いで、旅には虫除けスプレーを3缶持ってきていたが、各地の空港で取り上げられてしまい、残るは一缶のみ。しかも振ってみるともう少なくなっていた。

バイクタクシーで30分ぐらいかけて、モールに出向いた。あっさりと丈の長い靴下を見つけて購入した。蚊に対しての恐怖心も薄まった。僕はなんて単純なビビりなのだろう。

最上階のフードコートでタンドリーチキンとナンを食べた。そういえば飯を食う前に手を洗わなくなった。食事の前は必ず手洗い場を探していた旅の序盤。なければ持参した除菌シートで手を入念に拭いていた。あの頃の自分を懐かしみながら、汚れた両手で巨大なナンを引きちぎって食べた。

特にほしいものはなかったが、ダッカで最も大きいマーケットに行ってみた。リキシャを初めて使った。42タカのお会計を100タカ札で払うと、運転手はお釣りがなく、周りの同業者に両替を頼み始めた。みんなが断る中、近くに立っていた得体の知れないオジサンが快く両替してくれて、僕はお釣りを受け取れた。

リキシャが去ると、その得体の知れないオジサンが話しかけてきた。リキシャのドライバーではないようだ。痩せていて頭は禿げ上がっており、ヨレヨレのジャンパーを着ていた。

「僕はジャック。沖縄に何度も行ったことがある。君はどこに行くんだ？」

彼は、僕が日本人であることを見透かしていた。無視して行こうとすると、

「そっちの建物はレディースだ。こっちに来るといい」

と言って、僕の手を引っ張って歩き出した。ぐんぐんと迷宮のように入り組んだマーケットの奥に連れていかれた。シルクやスカーフの店を通るたびに、ジャックは足を止めて薦めてくる。

「僕の店だ。安くするよ」

こんなにたくさん店を経営しているのになんで服は薄汚いんだろうと疑問が浮かんだが、今更逃げることもできず彼の背中を追った。いろんな店でいろんな商品をお薦めされるが、一所懸命断る。10軒ぐらい回って、アクセサリー店で指輪を買わされた。店を出る時、店主

が売上の一部をこっそりジャックに渡すような素振りを見せた。彼はまだまだ僕を連れ回したいようだったが、時間がないと嘘をついて出口に向かった。

ジャックは僕が帰ろうとすると、しきりに、

「ジャパニーズコッピ、ヤスイ！」

と喚き始めた。日本産のコーヒーを飲みたいから一緒に行こう、行かないなら金をよこせということらしい。日本産のコーヒー屋なんてあるとは思えない。でたらめな話だが、金を渡さないと手を切れないみたいだし、彼はデパートでごねる子どもみたいで可愛げもあった。

50タカを渡して、

「これで飲んでくれ」

と伝えると、僕に名刺を握らせ、

「明日もここで待ってるから来てね」

と言った。

「もちろんだ」

と爽やかに嘘をついてお別れをした。

3月29日　議事堂でビール

朝食は、パンに何味かわからない真っ赤なジャムを塗りつけ、その上に目玉焼きを乗せて食べた。丈の長い靴下も手に入れたし、優しい心に触れることもできた。残るは議事堂とカレー屋だ。路地に停まっていたリキシャ乗りに声をかけてみた。行き先を議事堂だと伝えると、誰もが首を横に振った。手当たり次第に声をかけたが、全滅だった。いつもはリキシャ乗りのほうから、

「乗っていかないか」

と声をかけてくるのに。人生は片思いの連続だ。諦めて歩くことにした。リュックサックを背負って、1時間ほど歩いた。旅の最初は重くて仕方なかったが、最近は気にならなくなった。体力がついたのかもしれない。

ようやく着いた議事堂は、頑丈な柵に囲われ、広大な敷地の中央に鎮座していた。入り口に立っている軍服を着た門番の厳重な警備からも伝わるように、今日は敷地内への立ち入りは禁止らしい。柵に顔を近づけて眺めた。遠目からでもわかる、建築物としての威厳があった。国旗は、日本と色違いの日の丸だ。緑に赤。親日国家であることを僕に伝えるように風

色違いの日の丸国旗を撮りたかったが、上手く写らず。

で靡《なび》いていた。

缶ビールをリュックサックから取り出した。昨夜買ったのに飲み忘れていたのだ。議事堂の前で許されるのかわからなかったが、花壇に腰かけ、プシュッと蓋を開けて口にした。ぬるいけど、美味かった。議事堂の前で昼寝をする犬、木陰で語り合う男女、足を引きずる老人、ライフルを肩からぶら下げた軍人。誰もがそれぞれの午後を過ごしていた。

バングラデシュで見つけた平穏は、僕を素直にさせた。澄み切った空や揺れる木々を見て綺麗だと思ったり、ビールが胃袋を伝う感覚が気持ちいいと思ったりした。旅に出る前の僕は過去を懐かしんだり、未来を憂えたりすることばかりで、小さな喜びに気づけなかった。ほろ酔いになった心は、目の前の出来事だけで満たされていた。過去も未来も、今は入る隙がない。カラになるまで、ゆっくり時間をかけて飲み干した。

夕暮れになり、行きたかったカレー屋を訪ねた。実は昨日の帰り道も立ち寄ったが、予約で埋まっていて入れなかった。ダッカ最終日の今夜、ようやくありつけた。念願のカレーは旅人には贅沢過ぎるほど豪勢で美味しかった。何日もかかったが、これでバングラデシュでやるべきことをすべて達成した。明日にはネパールの首都カトマンズに向かう。そもそもカトマンズを訪ねるために、旅が始まったのだ。どんな明日が待っているのだろう。

第7章 ネパール

March 30.31, April 1-5, 2024

Nepal

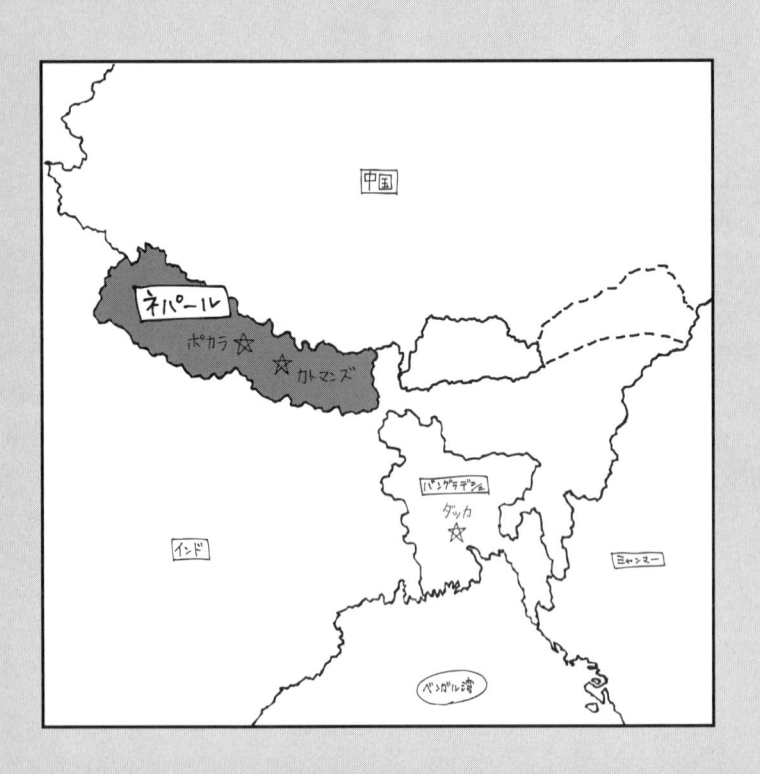

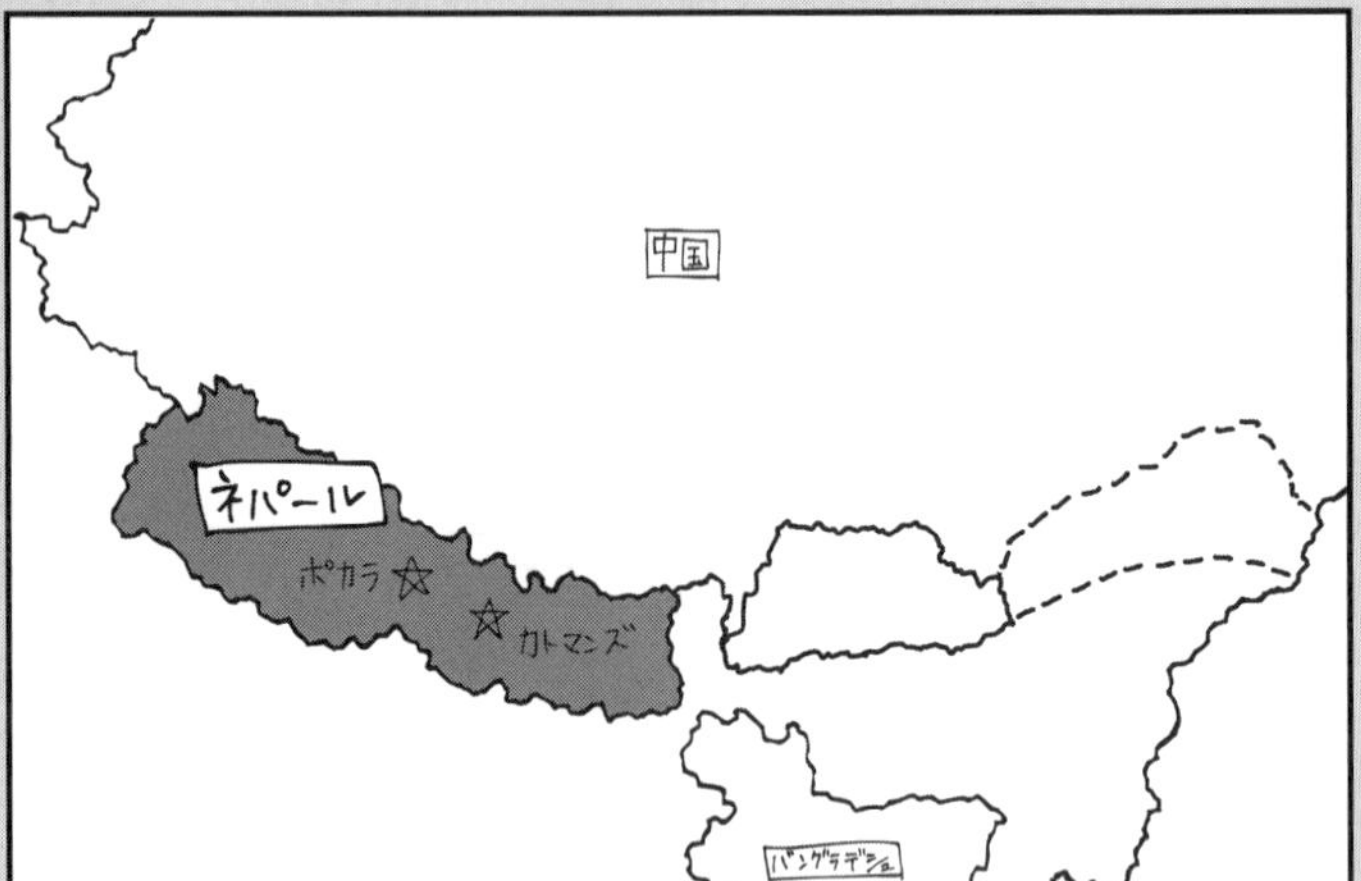

中国
ネパール
ポカラ
カトマンズ
バングラデシュ
ダッカ
インド
ミャンマー
ベンガル湾

3月30日　カトマンズに飛ばされて

「自分の金で旅に出るな。どうせ自分で行くとなったら、お前はアメリカとかヨーロッパとか自分の興味がある場所に行って、好きなことだけするだろう。それじゃ意味がないんだ。人の金で、行きたくないところに飛ばされるべきなんだ。俺の代わりにカトマンズを目指してほしい。２カ月間。どのルートで行ってもいい。旅に出ることも俺が金を出すことも誰にも言わなくていい。勝手に一人で行って、心に記録してこい」

僕を旅へと追いやった一郎さんの言葉を思い返す。

「旅に出ることも俺が金を出すことも誰にも言わなくていい」

そうだ。確かに彼はそう言ったんだ。その一言を聞いて、僕は旅に出ようと決心したと言っても過言ではない。旅に出るなんて、言いふらすつもりはなかった。なぜなら日本のみんなに秘密にしておけば、つらくなったらすぐ逃げられる。旅に行っていることさえバレなければ、一郎さんがお金を出してくれたことさえバレなければ、たとえ数日でノコノコ日本に帰っても赤っ恥を掻かないで済む。一郎さんには怒られるかもしれない。それで済むならまだマシだ。使わなかった残りのお金を返せばいいだけ。人の金で数日間アジアでじっとしていればいいのだ。そう自分に言い聞かせることだけが、日本を出発するまでのモチベーションとなっていたのだからつくづく情けない。

バンコクへとやってきた初日の夜。そんな魂胆を見透かすように一郎さんは見事に僕を裏切った。4000人が視聴する一郎さんの生配信番組で彼はこう言い放った。

「あいつがアジアを旅することになりました！　2カ月は帰ってきません。お金は俺が全部出しました。頑張れよ！」

やられた。こうして僕の旅は、逃げられない旅になった。僕を最も苦しめたのは、この「逃げられない」という感覚だった。今でも生々しいほどに肌で覚えている。翌日、ワットマンコンの雑踏で立ちすくんだ僕の頭の中には、一郎さんの言葉が鳴り響いていた。

「あいつがアジアを旅することになりました！　2カ月は帰ってきません。お金は俺が全部出しました。頑張れよ！」

4000人が見ている。4000人が日本から見つめている。帰れない……。

「頑張って！」

「カトマンズに着いたら教えてください！」

「2カ月後の帰国楽しみにしています！」

視聴者からの応援の声を嬉しそうに読み上げる山口一郎……。この人は悪魔だ。そう気づいた時には全身から大量の冷や汗が噴き始め、呼吸が苦しくなっていた。心のすべての非常口が「バン！　バン！　バン！」と閉じていく。僕は息の仕方を忘れて道端に座り込んだ。正直な話、旅前半のモチベーションは一郎さんへの怒りだったと思う。つらくなったら、先輩を異国の地から本気で呪った。そうすることでしか前に進めなかった。そして、ようやく辿り着いた悪魔との約束の地。

７カ国目。ネパールの首都カトマンズ！　リュックサックを勢いよく担ぎ上げると、空港から飛び出した。普通の景色だ。何もないぞ。だが、眩しい！　雲一つないどこまでも広がる青空。太陽が頭の近くでギンギンに輝いている。標高がグンと高くなった。僕と太陽は確かに近づいたのだ。澄んだ空気も、それを証明してくれている。前髪を揺らす涼しいそよ風。これまでの旅で掻いたすべての汗が蒸発していくようだ。いや、僕の人生のベタつきすべてが乾いていく！

タクシーの運転手が声をかけてきた。普段なら無視するか、強引だと「ＮＯ！」と叫ぶかどちらかだ。でも今は違う。

「よし！　乗せてくれ！」

と二つ返事で車に乗り込み、中心地を目指した。ぼったくられたって構わない。変な場所に連れていかれてもいい。今は、とにかく胸の高鳴りが収まらない！　こんな感情になるなんて思わなかった。ついさっきまで着陸態勢に入った機内でも、僕の気分は大して優れなかった。

「とうとう悪魔が言っていたカトマンズか。ここで一体何をすればいいんだろう？」

とぼやいていた。それがどうだ。ネパールの地を踏み締め、空気を吸い込んだと同時に、突然喜びが爆発して降り注いだ。

「俺は、この地を目指していたんだ！」

という高揚感が身体中を駆け巡る。僕をカトマンズに連れてきたのは、間違いなく僕自身だ。信じられないことだ。あらゆる苦難を乗り越え、弱い自分を受け入れ、アジアを彷徨い、ようやく目的を達成したのだ。さらに信じられないことだが、当初は目的地だったカトマンズは今や通過点に過ぎず、冒険はまだこれからインド亜大陸へと続いていくのだ。

人生とは、小さなきっかけが大きな物語を織り成すのかもしれない。原因を辿れば、バンド解散から始まっている。大切な夢を自らの手で失ってしまった。そのせいで先輩から行けと言われて断れなかっただけだ。先輩の金で旅券を買った。辿れば辿るほど情けない自分ばかりに起因しているが、そんなのはどうでもよく思えた。僕をここに連れてきたのは、間違いなく僕自身なのだから。

この街のことを何も知らない。両替所はどこだ。タクシーにはぼったくられた気がする。今はどうだっていい！　寺院のカラフルな旗が歓迎するように靡いている。壁に描かれたブッダアイは旅に疲れた僕をねぎらうように優しく見つめる。入ったレストランのカレーは、香辛料が口の中で花火のように弾けた。匂いに群がるハエさえも、ブンブンと音楽を奏でているようだ。現地の人のように素手でカレーを食うことはできない。まだそれでいい。今は街じゅうに、

「情けなかった旅人が、カトマンズに辿り着いたんだぞ！」

と叫んで回りたい気分を抑えるので精一杯なのだから。

一郎さんへの憎しみは、そのまま感謝に変わっていた。なぜ僕を旅に行かせた

美味過ぎる！　一郎さんにも食べさせたいぜ！

のか。僕に見せたかった景色とはなんだったのか。今ならわかる。僕の人生で足りなかったもの。それは、己だけを信じて成し遂げる達成感だ。

遠く離れているはずなのに、大好きな先輩が僕の隣にいて喜んでくれているような気がした。

3月31日　聖人の本性

カトマンズは標高1400メートルに位置する空中都市だ。日中の日差しは強烈だが、風は冷たくてスコールが降った夕暮れは肌寒いくらいだ。バングラデシュではぐれたバックパッカーの姿も数多く見かけるようになった。仲間と再会できたような安心感を得た。

午前中から宿を出て、寺院を訪れた。門をくぐるとたちまち、煙が立ち込めてきた。敷地内を川が流れ、煤だらけの河川敷には火葬小屋がいくつかあり、延々と炎が燃え盛っている。すぐそばでは大きな牛たちがまるで牧場にいるかのように、気持ちよさそうに寝転んでいる。

地べたに座るオバチャンが手招きをしてきた。近くで見ると、謎の果物を擂《す》り潰している。薄汚れた衣服に身を包み、おでこには赤い印。しゃがみ込んだ僕の額を目がけて、いきなり真っ赤な果肉をつけてきた。酸っぱい匂いとべちょっとした感触に思わず拭いたくなるが、我慢した。そして何やら呪文のような言葉を唱えている。そのまま僕の右手首にミサンガのような紐を結んだ。

たとえ頼んでいなくても、品を受け取ってしまったらお金を支払うのが旅の掟であることは、重々承知していた。諦めて、

「いくらですか？」

と聞くと、オバチャンは、

「あなたが決めなさい」

と慈愛に満ちた声で言った。そんな言葉はこの旅で聞いたことがなかった。値段なんて尋ねたら誰もが何倍もふっかけてきた。お布施と押し売りの違いもわからない自分が恥ず

オバチャンの指も真っ赤っ赤。

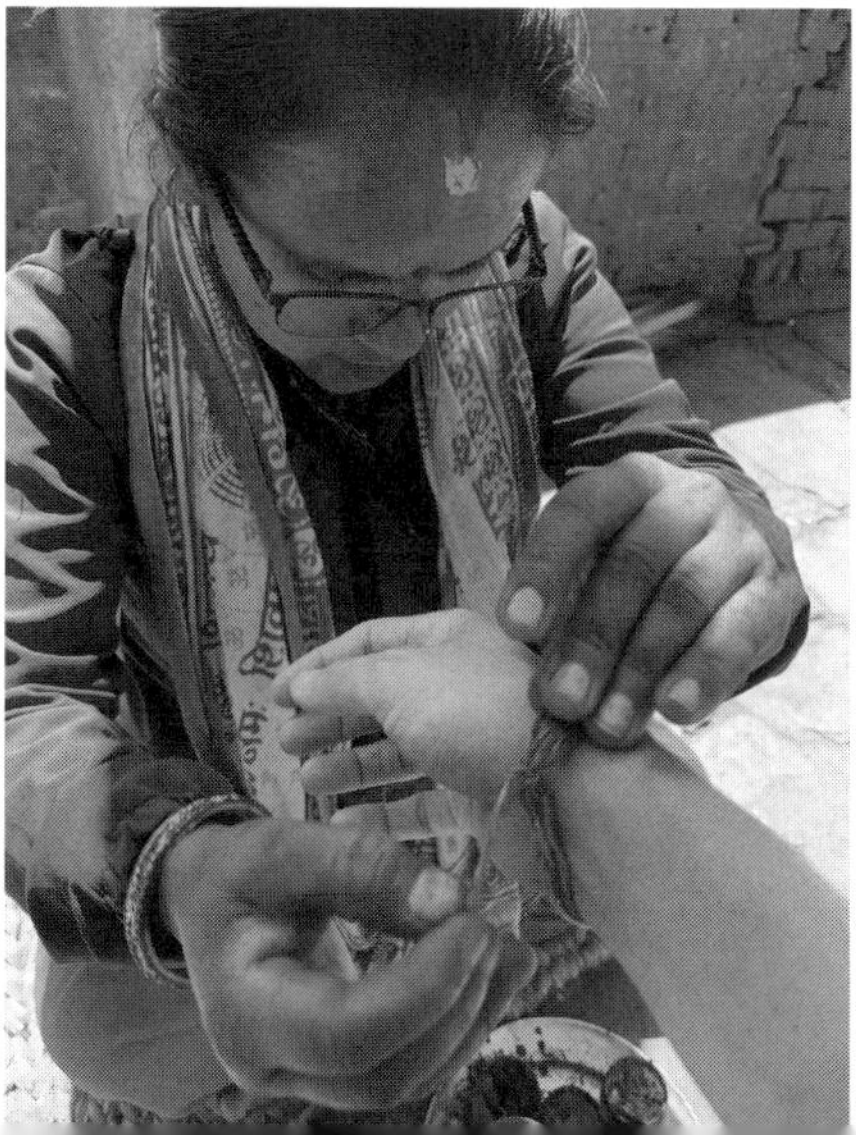

かしくなった。セコいのか太っ腹なのか見当もつかないが、財布から50ルピーを出して彼女に渡した。地面に裸足で座り込み、どう見てもみすぼらしい格好の彼女は、僕が立ち去るまで僕のためだけに祈りを捧げてくれていた。

寺院の中には丘があった。登っていくと、瞑想する修行者、それに犬、猿、鹿がたくさんいた。情報量が多い寺院だなと興味をそそられ、僕の足はどんどん奥へと進んでいった。敷地はかなり広い。広大な土地に、河川敷もあれば丘もある。そして小さな修行小屋のような建物が点在している。

中央にある一番大きな丘の頂上に登ると、教祖のような風貌の男が玉座に鎮座していた。顔だけでなく全身を真っ白に塗り上げ、ヒゲは胸元まで伸びていて、毛先が真っ赤に染まっていた。冠を被り、ジャラジャラと首飾りをぶら下げている。そして、大きな杖を地面に突き刺して遠くを見つめていた。

「この寺院で最も偉い方に違いない」

位の高い人物であることは、他の質素な修行者たちと比べると一目瞭然だった。僕は思わず彼のそばに寄って、

「写真を撮ってもいいですか？」

と尋ねた。彼は片手を上げただけで、無言のまま了承の意を表した。

「修行中なのに、なんて器が大きい方だ」

と感銘を受けた。

そうだ、彼は聖人なのだ。写真を撮るなんて、聞くまでもなくオッケーに決まっている。そんなことで気が散るわけがない。僕は聖人にレンズを向け、何枚か写真に収めた。そして、そばに置いてある籠に、自らお布施として70ルピーを入れた。するとと突如、聖人が目を見開き、

「２００ルピー！　２００ルピー！」

と喚き始めた。さらに小屋の裏に隠れていたTシャツ姿の男が現れ、同じように２００ルピーをせびってくる。必死に財布の中身を見せて、70ルピーしか持っていないんだと２人に伝えると、聖

少ないお金でごめんなさい。

人はとても不機嫌な顔をした。そして片手で、

「あっちに行け」

とジェスチャーをした。聖人は誰よりも商魂たくましかった。押し売りだと思った道端のみすぼらしいオバチャンが50ルピーでも祈りを捧げてくれて、丘の上に鎮座する聖人が金にがめつかった。カトマンズは僕の想像の斜め上を行く。

まいったなと額の汗を拭うと、べったりと赤い果肉が手の甲についていた。

4月1日　身体と心と魂の瞑想ツアー

早朝5時。まだ真っ暗なカトマンズの街には月が浮かんでいた。人里を離れ、山道を車で登っていく。中腹あたりで停車した。ドライバーは僕を降ろすなり、

「あの建物だ。17時に迎えに来る」

とだけ言い残し、車で下山した。

ちょうど太陽が山間から顔を出してくれたおかげで、「YOGA」と書かれた看板が見え

た。今日は「身体と心と魂の瞑想ツアー」に参加する。瞑想を通して、自己を見つめ直すのだ。32年間で、すっかり自分のことが嫌いになっていた。何をするにも後悔と反省ばかり。僕の身にどんなエラーが起きているのか。目を瞑って、無になれば見えてくるのではないか。長年のせっかちも治るかもしれない。カンボジアでの遺跡ツアーは楽しめなかったが、瞑想ツアーなら期待できる。

だが、薄暗い山の上に取り残された今は、少々心細くなってきた。厳粛な修行が待ち受けているに違いないと身構えながら扉をノックした。しっかりした造りの門が開くと、わらわらと大家族が出てきて僕を歓迎した。洗濯物が干してある軒先の小さな庭を抜け、建物の中に入ると、入り口のすぐ横にある台所に通された。想像よりも庶民的な雰囲気の民家だ。瞑想道場とはとても思えない。

狭い台所に、小さな冷蔵庫とコンロが２つ。ヤカンの口から湯気が噴き出ている。花柄のテーブルクロスが敷かれた食卓につくと、中年の女性が茶菓子を振る舞ってくれた。見た目も味もきな粉そっくりな粉をブラックティーに混ぜて飲んだ。素朴で優しい甘さだった。家族紹介が始まり、この家には70歳を迎える長老を中心とした３世帯で暮らしていることがわかった。彼の子ども夫婦と孫たちだ。

孫の男の子が一所懸命いろんな角度から撮ってくれた。

1時間ほど雑談をして、長老が僕をヨガルームへと連れ立った。いよいよだ。瞑想法を5分ほどで習い、早速実践に移った。目を閉じて、習ったばかりの呼吸法で27回息を吸って吐いた。10分足らずで終わってしまった。ずっと気になっていたのだが、最大15名が参加すると聞いていたツアーなのに、客人は僕一人だけだ。

次に長老の長女である先ほどの中年女性から、ヨガの基本である太陽礼拝をレクチャーされ、30分ほど全身を動かした。身体が温まると、孫に当たる10歳の男の子が僕の手を引き、先ほどの食卓に座らせた。台所では次女が何か料理を作っている。長女の夫が、

「さあ、昼飯にしよう」

と言った。高校生の孫2人も参加して、合計8人の食卓にはダルバートが皿に盛られた。ネパールの代表的なカレー料理だ。銀の平べったい皿に、ご飯とルーが3種類盛られている。みんなが一斉に手でぐちゃぐちゃとかき混ぜて食べ始めた。気を利かせた次女が、

「あなたはこれを使って」

とスプーンを出してくれた。数口食べてから、なんだか恥ずかしくなってスプーンを置いた。みんなと同じように手でルーと米をぐちゃぐちゃに混ぜて直接口に運ぶ。さっきのストレッチで床や足裏を触った手だ。それが気にならないほど、スプーンで食べるより美味しかった。

僕がミュージシャンだと知ると、食器をみんなで片づけた後、居間でインターネットを繋いで僕のライブ映像を観ることになった。近所に住んでいる親戚も集まってきた。みんなが目を輝かせて鑑賞してくれた。曲が終わるたびに拍手が起きた。若干の照れ臭さはあったものの、その反応は素直に嬉しかった。言葉や文化、人種の壁を簡単に越えてしまう音楽。ミュージシャンを続けてきたことが久しぶりに誇らしく思えた。大家族の僕を見る目が明らかに変わってきた。僕はち

ライブ映像を食い入るように見つめる大家族。

親指で押し込むように食べるのがコツ。

ょっとしたスターだった。
ライブ鑑賞が終わると、今度は掃除の手伝いをすることになった。作業しながら、ひょっとしてこれは瞑想体験ではなく、ホームステイ体験なのではないかと疑い始めた。掃除が終わったら昼寝の時間だと言われ、孫のベッドを借りて寝っ転がらせてもらううちに午後が深まった。そして本日最後のレッスンと称して、ヨガルームで長老のマントラを聴きながら、道場に大の字で寝っ転がった。屍のポーズ、「シャバーサナ」で瞑想した。窓から吹き込むそよ風と鳥の鳴き声が心地いい。1分で爆睡してしまった。目が覚めるともう夕方だ。ツアー概要には「昼食つき、夕食なし」と書いてあったのに、夕飯もご馳走になってしまった。ドライバーが迎えに来て、家族と別れを告げて下山した。

帰る頃には、このツアーが完全にホームステイだったことを確信した。どこでどう間違えたのか、僕は一日かけて山村の暮らしを体験したのだ。しかし、あの一家の温もりを知っている僕は、カトマンズ郊外で彼らと過ごした平穏なひとときにこそ、瞑想が宿っていたのではないかと悟らざるを得ない。これが僕の「身体と心と魂の瞑想ツアー」なのだ。

４月２日　断崖で高山病

旅に出て1カ月が経った。もはや東京での暮らしが思い出せない。共同宿を転々と暮らす毎日のほうが日常だと感じる。高層ビルもコンビニも、家族も友達も、音楽も今は遠い存在だ。この日々はただの現実逃避なのか、はたまた大きな分岐点なのか。

今日はネパールの田舎町、ポカラに行ってみようと思った。ヒマラヤの山々が見渡せる長閑《のどか》な町だと聞いた。早朝６時。バス停まで歩く道すがら、同じくポカラへ向かうモンゴル人と出会った。お互いの渡ってきた国に共通点があって、短い時間だったが会話が弾んだ。同い年ということもあり、気が合いそうだった。いい出会いになる予感がしたが、バスの割り振りでお別れになった。旅の出会いのすべてが運命めいているわけではないのだ。どこにも帰結しない一瞬の出会いもある。売店で買ったドーナツをくわえながらバスに乗り込むと、すぐに出発した。

そこから約10時間、いくつもの峠を越えていくのだが、信じられないくらい道がデコボコだった。バスは右に左に上に下に、揺れるどころか踊りくねっている。乗客の頭はまるでピンボールのように跳ねている。前に座る禿げたオジサンは側頭部を強く窓に打ちつけ、こめかみを押さえている。見るからに痛そうだ。道路には柵もなく、バスは崖っぷちを走る。一歩踏み外せば、バスごと落下して全員お陀仏だ。ドライバーはちっとも気にしていない様子で、曲がりくねったオフロードをスイスイ抜けていく。車幅スレスレなのに、対向車もカーブの向こうから突っ込んでくる。

「いよいよ死ぬかもしれないな」

とぼんやり思った。なぜぼんやりなのかといえば、余裕があるからではない。頭がカチ割れるほど痛くて、そもそも意識が朦朧としていたのだ。

標高が高いせいか、高山病にでもな

窓から崖下は覗かないほうがいい。
谷底が見えないほど深い……。

ったのだろう。ぶつけてもいないのに両側頭部がガンガンと痛んだ。時間が経つにつれ、頭痛もバスのうねりも増していった。視界がぐわんぐわんと回り出し、気づけば意識を失っていた。

夕方にポカラへ辿り着いた。ボロボロの状態で共同宿にチェックインした。目の前が湖で、辺りには畑が広がっていた。牛は牧草を食べ、水鳥は羽を休めている。湖の向こう岸では、街灯りがうっすらと空を照らし始めていた。

ほとりに座り、夕暮れを眺めた。確かに長閑だ。つらかったけれど、来てよかった。太陽が落ち切るのを待って、宿に帰ることにした。バスのせいで、まだ身体が揺れていた。

4月3日　ポカラで売人とボートレース

どんどん日本から遠ざかっていくため、自ずと時差も開いていく。その影響か日ごとに早起きになる。早朝5時に目覚め、ドミトリーのテラスで今後の行程を模索することにした。残るはインドだけとなったが、とにかくインドは広大だ。今まで回ってきた東南アジア全土と同じくらいの面積を一国で誇っている。どのようなルートとペースで巡ればちょうどいいのか、皆目見当がつかずに白紙のままでいた。

そして、「カトマンズに行く」という一郎さんとの約束を果たしてしまった僕には、もう一つの目標が生まれていた。

「ガンジス川で沐浴」

最後の国と決めているインドでの挑戦にふさわしい気がした。この目標は誰かと掲げたものではない。一人で決めた。今のところ、この自分との約束は破ってしまいそうな気もしている。よく調べていないが、日本人がガンジス川に入ると、十中八九体調を崩すらしい。最悪の場合、入院することもあるらしく、尚更に今後の行程は予測不可能だった。

なぜ、ガンジス川に入りたいと思ったのだろう。旅に目標がなくなってしまうのを防ぎたかったのかもしれない。僕をずっと呼ぶ声の主とガンジス川で出会えるかもしれない。正直、本当に入るべきなのか自分でもよくわかっていないのだが、心が入りたいと叫び出したのだから、僕は一旦受け入れて様子を見ることにした。

首都カトマンズを離れ、ポカラくんだりまで来てしまったため、ネパールからインドにどう辿り着けばいいものか、困り果てていた。２時間ぐらいかけてノートに自作の地図を作り、なんとかおおよその行程を導き出した。その手描きの地図に引かれた線は、どう見ても最善ルートとは言えなかった。過酷だけどなんとか辿り着くだろうという希望的観測に基づいている。

1階の食堂がオープンしたので朝食をとった。宿を出てすぐ、明後日インドへ向かうバスチケットを買うため、バスターミナルに向かった。何時にニューデリー着か聞くと、スタッフは翌日の午前10時だと答えた。今までの旅で、バスが予定時刻に到着したことは一度もなかった。何度も確認したが、絶対に10時に着くと言うので、結末を楽しみに信じてみることにした。

今日のやるべき仕事は終わった。この町には大きな湖があり、歩いて数分の場所にボートがいくつも停まっていた。井の頭恩賜公園のボート乗り場のような雰囲気だ。天気もよく風も穏やかで気持ちよさそうだったこともあり、暇潰しに乗ってみることにした。

小屋でお金を払い、ボートを選んだ。乗り込む時に手伝ってくれたオジサンが小声で何かを僕に耳打ちしたが、聞き取れなかったのでテキトーに頷いて、オールを漕ぎ出した。町からどんどん離れていく。静かな湖でギコギコと音を立てて進むと、久しぶりに健康的な気持ちになった。見渡す限り、水面と山々。他のボートの姿もなく、僕一人きりだ。

「これからの旅をどうしよう?」

という雑念もみるみるうちに消えていった。

40分が過ぎて、船着場からだいぶ離れた湖のど真ん中で漕ぐのをやめた。ボーッとしていると、遠くからさっきのオジサンが手を振りながらボートで追いかけてくる。どうしたんだろう、もう時間切れなのかな? と待っていたら、彼は僕のボートに横づけして、カタコトの日本語で「ハッパ、チョコ、ホシイ?」と聞いてきた。さっき、耳元で囁かれてうまく聞き取れなかった言葉と同じだと瞬時にわかった。

2回目にして何を意味しているかが大体わかった。彼の手には怪しい袋。こんな陸から40分も離れた水上で、ウブな僕が「ハッパ」や「チョコ」に手を出そうものなら、ぶっ倒れて沈没だ。このボートはタイタニック号のような結末を迎えるだろう。

「NO!」

彼は漕ぎ出そうとする僕のボートをオールで押さえつけ、

「ハッパ! チョコ!」

と勧めてきた。2艘のボートは押し問答を繰り広げ、湖面を揺らした。あまりのしつこさに、

「NO!!!　NO!!!」

と叫びながら逃げる僕。追いかける売人。なんとか振り切った。平穏な湖で、売人とランデブーしてしまった。土日にはきっと、若い男女がデートがてらボートを漕ぐのだろう。そんな長閑なスポットで、僕は売人とボートレース。気づけば、健康的だった気持ちは台無しになっていた。

「俺に心休まる場所はないのか!?」

渋々帰っていく彼の背中が小さくなるのを見届けてから、1時間ほどボートの上で過ごした。ボート乗り場に戻ると、先ほどのオジサンが立っていて、通り過ぎる僕に、

「いつでもここで待ってるよ」

と怪しげに囁いた。

ポカラは一見すると、とても穏やかな田舎町だ。時間がゆっくりとぼんやり過ぎていく。彼らからしたら、都会の雑踏を猛スピードで行き交う僕らのほうこそ、

「クスリでもやってるんじゃないのか?」

と疑うかもしれない。

まだ2日目だが、もうここに何日もいるような気がした。ここにいては永遠に日本に帰れ

る気がしなかった。今夜の共同宿にチェックインしてから、今後の日程を見直しだ。ネパールの日々とは打って変わって、インドでは激動の毎日になりそうだ。これから先の旅はどうなっていくのか。神のみぞ知ることだろう。

4月4日　なくしたアクセサリー

2カ月なんて長過ぎる。旅は1カ月あれば充分だと思っていたが、今では1カ月では物足りないような気がする。まだ帰るには早い。かといって、これからあともう1カ月だと思うと途方に暮れてしまう。世の中にちょうどいい塩梅《あんばい》なんて存在しないのかもしれない。

今日、嬉しいことがあった。数日前、カトマンズを発つ朝、手首につけていたブレスレットをなくしてしまっていたことに気づいた。国を巡るうち、次第に身につけるアクセサリーが増えていった。アクセサリーなんてつけたことも興味もなかったが、各地のマーケットが僕のファッションセンスに変化をもたらした。

タイで買った伝統的なパンツ、カンボジアで買ったネックレス、ベトナムで買ったTシャツ、ラオスで買ったブレスレット、中国で買ったヘアバンド、バングラデシュで買った指輪。どれも思い出が詰まっている。1カ国につき1アイテム。身につけた新しいアイテムの数を数えれば、今が何カ国目かわかるようにしていた。新しい自分を目で見える形で確認できないと、日本にいた頃の自分に戻ってしまいそうで不安になるのだ。啓発的な意味も込めて、アクセサリーは大切にしていた。

決してなくさないように毎日枕元に置いて、起きたらすぐ身につけるようにしていた。ところが2日前、早朝の薄暗いベッドでブレスレットが見当たらず、探す時間もなく出発していた。ラオスで手に入れた赤と黒の紐が編んであるだけの安いブレスレット。僕はとても落ち込んでいた。なんだか身体の一部をどこかに置いてきてしまったような感覚にとらわれた。ポカラに着いてからは、

「身代わりになってくれたんだ。これは、致命的な何かを失わないための警告だ」

と言い聞かせた。なぜなら、そうするしかないのだ。旅の途中、一度忘れ物やなくし物をしたら、探すことも困難だし、取りに戻れない。そうやっていくつかの紛失物に別れを告げてきた。ところが今日、リュックサックの底からなくしたブレスレットを発見した。僕は大喜びした。これでまた全員一緒に旅を続けられる。最近は些細な出来事であっても、前兆を

感じ取れるようになってきた。これはいい前兆のはずだ。

発見はそれだけではない。近頃は強さと弱さを均等に心に並べられるようになった。どちらかに偏ってはいけない。強がってばかりでは危険な目に遭う。臆病になり過ぎては辿り着けない場所もある。どちらも平等に扱うべきなのだ。実際この1カ月を振り返ると、僕は無敵であり、臆病者でもあった。逆もまた然りだ。

他にも多くの気づきがあった。足裏は身体の一部ではない。いくら素足で歩き回って汚れても僕が汚れたわけではない。そして、毎日風呂に入らなくても人は死なない。お湯を期待してシャワーの蛇口を捻ってはいけない。バスの時刻表は、絶対に信じてはならない。一方、運転手のテクニックはどんなに荒々しくても信じなくてはならない。犬はどんなに可愛くても軽率に撫でてはならない。ダニは全身を刺すが、放っておけば治る。そんなふうに少しずつ変化を見せる僕でも、人恋しさだけは増す一方だった。その寂しさを抱えながら、さまざまな人間関係についても考えを巡らせた。もうどのくらい人と触れていないのだろう。眠れない夜は、同じ部屋の外国人のいびきを聴きながら、母国に思いを寄せた。

今まで出会ってきた女の子たちとの夜を思い出していた。柔らかくてあたたかい肌の感触が恋しかった。どの子もすり減らしたような表情を浮かべ、僕の元を去っていったような気がする。僕は誰かの心をあたためたことがあっただろうか。

悶々と考えていたら、ますます眠れなくなったし、日本に帰りたくないとさえ思った。ずっと一人で旅をするということは、ある意味では気楽だ。誰のことも傷つけたり悲しませたりしないで済む。今夜は妙に冷える。そっと自分を抱き締めるように、布団にくるまった。

4月5日　人生最悪の誕生日

誕生日を迎えた。33歳になった。僕はポカラの町を離れ、ニューデリーを陸路で目指す。準備に余念はない。チケットはすでに購入済みで、バス停も下見してある。

昨日の話だ。「0キロメーター」と呼ばれる交差点がバス停の目印だと聞いていたのに、下見に来た僕は、交差点でバス停らしきものを見つけられないでいた。さっそく町の人に聞き込み調査を始めた。売店の女性は、

「ここから歩いて5分くらいのところよ」

と指差す。5分くらい歩いてバイク屋のオヤジに聞くと、

「ここから20分くらいのところだ」

と別の方角を指差す。宝石商は、

「いや、あっちに2キロほど行ったところにある」

と言う。そんな具合に、「0キロメーター」の交差点付近をたらい回しにされたが、まだ夕暮れまで時間はあるし、何しろ本番は明日なのだ。特にイライラもせず周辺を歩き回った。

「知らないことはテキトーに答える」のが、ここで暮らす人たちの習慣らしい。こっちも見習って、自分から質問しておいて、彼らの返答をテキトーに聞き流していた。すると、ある店の前で、女の子がバスのチケットを握り締めて困った様子で立っていた。話しかけると、

「今ここで明日のデリー行きのチケットを買ったんだけど、すごく高かったの……」

と言った。店のほうを見やると、看板にバスのイラストが書いてある。ようやく僕の探していたバス会社を見つけることができた。

「僕は昨日別の場所で買ったよ」

と彼女に伝えると、

「いくらだった？」

と聞いてきた。5000ルピーだったことを教えると、彼女は自分がぼったくられたわけ

ではなさそうだ、と安心したようだった。ベトナム出身の彼女は、

「じゃあ、また明日ここでね。一緒にデリーに行きましょう」

と言って手を振りながら帰っていった。彼女は、スポーティなタンクトップにショートパンツという身なりで、潑剌《はつらつ》とした印象を与えた。褐色に焼けた細い二の腕に、幾何学模様のタトゥーを入れていて、とてもおしゃれで知性を感じた。彼女と同じバスなら、明日の陸路も楽しみだ。念のため店内に入ってバス会社のオヤジに、

「明日6時30分にここに来れば、ニューデリー行きのバスに乗れますか？」

と確認し、入国ビザなどもチェックしてもらい、ホテルに帰った。

そんなふうに準備は万全だったので、今朝5時30分に目を覚まして、昨日の予習通り6時10分にはバス会社に着いた。いよいよ僕がインドに行く日が来た。自分の誕生日ということに運命を感じる。

ネパールとインドを結ぶ越境バスは2カ国の国旗をボディにあしらい、昨日のオヤジが言った通り、店の前に待機していた。これから27時間の長距離移動だ。到着は、明日の午前10時頃。誕生日は車窓を眺めて過ごすことになるだろう。

ベトナム出身の彼女も、出発時刻ギリギリに大あくびをしながらやってきた。バスは動き

出した。町を抜けて峠道に入ると、やはりネパールの荒れたオフロードが乗客に猛威を振るう。でも耐えるしかないのだ。この試練こそが、神様がくれたバースデイプレゼントだ。夜よ、来い。そしたら眠ってしまえばいい。朝起きたら、そこはインドだ！

事件は夕方に起きた。

18時にバスは停まった。どうやら国境に近づいたようだ。僕とベトナム出身の彼女は2人で仲良く会話をしながら関所に向かった。

「デリーに着いたらどこに泊まるの？」

「おすすめのドミトリー知ってる？」

身体は疲れていたが、インドを目の前にして期待はパンパンに膨らんだ。関所の建物内には僕ら2人以外にも、別のバスでやってきた外国人旅行者がいた。列を作り、順番に国境の審査官にパスポートとビザを見せていく。僕の番がやってきた。パスポートはもちろん、ビザもオンラインで申請許可を得て、支払いを済ませてある。なのに、胸騒ぎがした。でも、大丈夫だ。越境の時はいつだって不安になるものだ。張り詰めた空気がそうさせるだけだ。堂々と審査官にパスポートとビザを手渡した。

審査官は、首を横に振った。まぁ、よくあることだ。焦る必要はない。何かの記入漏れかと思い、どう修正すればいいか聞くと、彼は恐ろしいことを言った。

「このビザでは、陸路での入国は不可能だ」

落ち着け。糸口は見つかるはず。今までの越境も乗り越えてきたんだ。中国大使館の時を思い出せ。すでに心はてんやわんやしていたが、必死に冷静を装って審査官に食ってかかる。交渉は10分にも及んだ。順番待ちをしているバックパッカーの迷惑になっていた。頑なに首を横に振り続ける審査官を見て、とうとう悟った。僕はインドに入れない……。

「お金を払ってもダメか？」

最後に賄賂めいた言葉が口から出た。審査官は怒ったのか、それとも呆れたのか、無表情になった。パスポートとビザが突き返され、

「出ていけ」

の一言でゲームオーバーとなった。背後で並んでいたバックパッカーがスイスイと僕を追い抜いていき、国境を越えていった。ベトナムの女の子は心配そうにそばにいてくれて、流暢な英語で通訳までしてくれていた。しかし僕の敗北を見届けると、

「幸運を祈る」

どうしてこうもトラブルだらけなんだ!?

とだけ気まずそうに言い残して、インドの彼方へ去っていった。分厚い国境の壁が僕と彼女の縁を引き裂いた。

最後にもう一つだけ審査官に質問した。

「僕はこれから先、どうしたらいい？」

彼は大声で叫んだ。

「カトマンズに戻って飛行機で行け！」

目の前が真っ暗になった。またしても僕はカトマンズに飛ばされるのか。

国道に戻ると、バスはすでにインドに向かって出発していた。その代わり、道端に僕のリュックサックだけがポツンと放り投げてある。砂埃にまみれてボロボロ。その無惨な姿は、今の僕とそっくりだった。そうだ、僕らは捨てられたんだ。

夕暮れ。西日がもうすぐ沈む。廃人となった僕は地べたに座り込んでいた。そもそもカトマンズから10時間かけてポカラを目指したのも、ポカラから11時間かけてここまでやってきたのも、すべてインドへ陸路で入国するためだった。高山病になりながら揺れに耐えた峠道。用意周到に買った切符。下見までしたバス停。すべてがインド目前で水の泡となった。昨日、バス会社のオヤジに、

「このビザを見せればインド入りできますか？」

と何度も確認したはずだ。そのたびにオヤジはしつこいなという顔で、

「もちろん」

と言っていた。なのにどうして。気づかぬうちに、旅におごりが生まれていたのかもしれない。そういえば旅の前半は必ず次の国の大使館を訪ね、必要がなくてもビザの確認をしていた。近頃は大使館に行かなくなっていた。どうやらここ数年で制度が変わったらしい。e-VISA（電子ビザ）を使った陸路での越境は禁止になっていた。初めてのインド入国というのも原因の一つだとわかった。大使館を訪ねていれば把握できていたはずだし、陸路用のビザももらえただろう。すべては自分が悪い。

あまりの悔しさで時間が経つのも忘れていたが、日が暮れてしまう。じっとしていてはダ

メだ。辺りを見渡すと、「ここはどこだろう?」という疑問がようやく湧いてきた。いかにも国境近くの田舎町といった印象だ。長い国道と民家がちらほら。あとは、広大な何もない荒地。

とりあえず離れたところにレストランの灯りが見えたので入店した。ビールを頼んだ。ジョッキで一気飲みした。ヤケ酒だ。僕以外に客はいなかった。ボーイが、

「どこから来たの?」

と聞いてきたので、ふてくされながら日本だと伝え、事情を話した。酔いが回るとだんだん虚しくなってきて、なんて酷いバースデーなんだと自分を罵《ののし》るようになった。名前も知らない田舎町でヤケ酒。悔しくなってまた酒を呷る。そんなふうに、思考が悪循環に陥った時のことだった。

不意に聞き覚えのあるメロディが耳に入ってきた。僕が入店した時は、現地の音楽が流れていたはずだ。なのに、今は日本のロックバンドの曲が流れている。そのバンドは海外でも人気があったので、最初は何かの偶然だと思った。しかし、そうではなかった。その後もずっと日本のヒット曲が流れ続けた。先ほどのボーイを見ると、「どう?」と言いたそうな笑顔で、僕にウインクをした。日本人と知って気を利かせてくれたのだ。落ち込んでいる僕に

対する彼なりの優しさだった。涙腺は崩壊しかけていたが、流れているヒットチャートは僕より年下のミュージシャンばかり。こうして僕がヤケ酒を呷っている今も日本で活躍しているんだと思うと、涙は引っ込んだ。

ボーイの紹介で、近くのホステルに泊まれることになった。ここは「シッダルタナガル」という町らしい。正確な名称や場所はわからない。信じられない話だが、明日僕はカトマンズに戻ることになった。だが、明日のことなんて今は考えたくない。今夜は酔っ払ってふて寝だ。チクショウ、待ってろニューデリー。

こんな苦いビールはいつぶりだろう。

第8章 インド

April 6-20, 2024

India

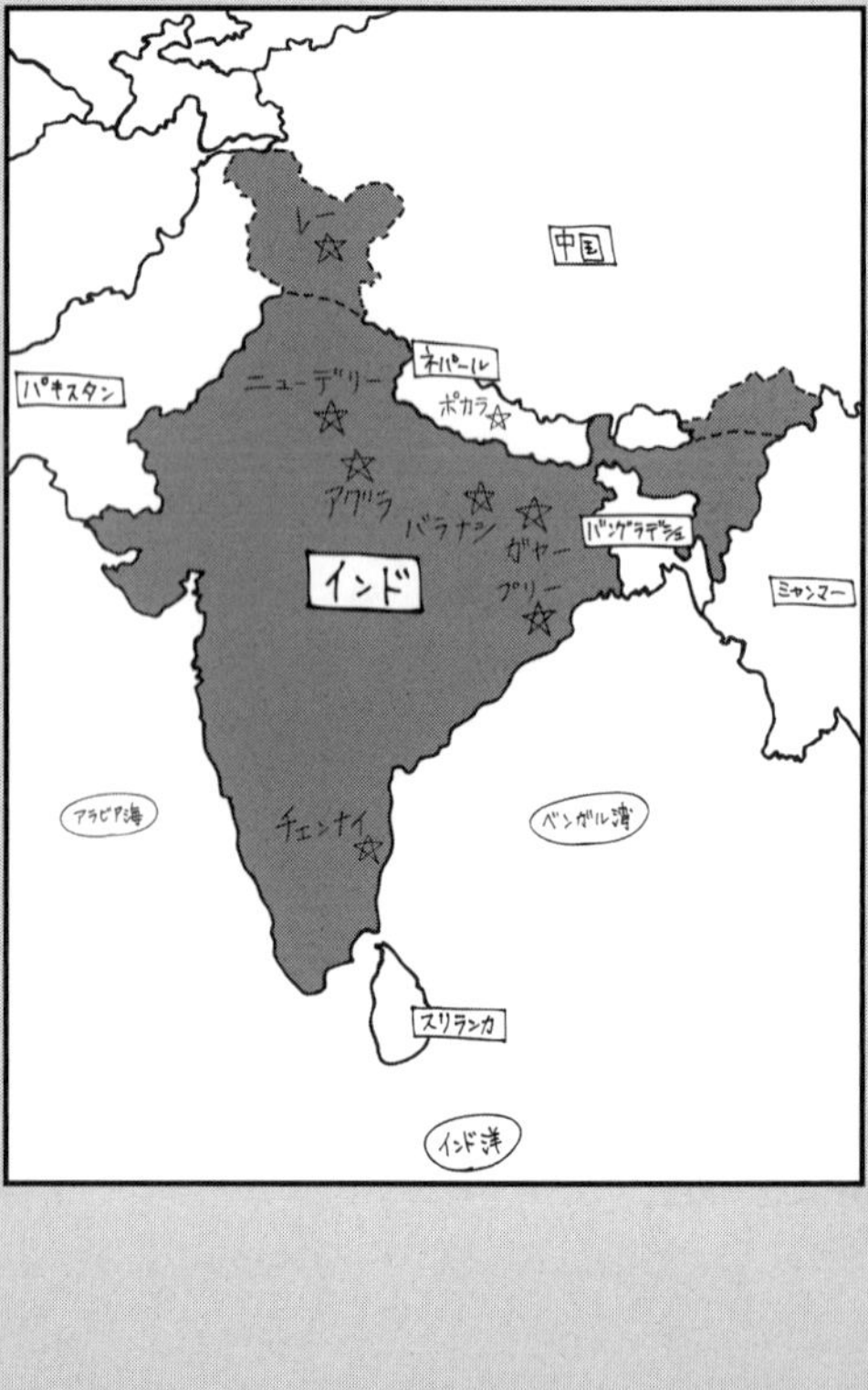

中国
レー
ネパール
パキスタン
ニューデリー
ポカラ
アグラ
バラナシ
ガヤー
バングラデシュ
インド
ブリー
ミャンマー
アラビア海
ベンガル湾
チェンナイ
スリランカ
インド洋

4月6日　ニューデリーで「オマンコ野郎！」

離陸した飛行機は、10時間以上に及んだ荒れた陸路を快適に飛び越え、たった30分で僕をカトマンズに連れ戻した。機内の窓から、あの忌まわしき峠が見下ろせた。だが虚しくなってきたので、直視することはできなかった。

再び、ネパールの首都カトマンズ……。ウンザリした気持ちで空港に降り立った。あの日の歓喜はない。かつて光り輝いて見えた風景を睨みつけた。

何はともあれ、一刻も早くインドに行ってやる。手段は選ばない。僕を辺鄙な町で置き去りにしたバスなんかに未練はない。リュックサックを道端に捨てたことも決して許さない。この際、陸路なんてこだわりはやめだ。ルール変更は旅人の特権だ。

数日前のポカラでの出来事を思い出した。せっかくなので、ヒマラヤ山脈はこの目で見ておきたかった。朝日が昇る早朝のわずかな時間なら宿の屋上から拝めるらしい。僕はそんな日に限って寝坊したのだ。午前11時過ぎに目覚めたせいで、ヒマラヤどころか、宿の朝食サービスさえ逃した。でも寝坊したからこそ、昼下がりに町の食堂で出会った現地の若者とビールを飲んで仲良くなった。みんなガラは悪いが、気持ちのいいヤツらだった。お金稼ぎとか将来の夢には全然興味がなかった。この町と自らの信仰を大事にしていた。

「今この瞬間、自分の魂が自然体でいられるかが大切なんだ」

と教えてくれた。お互いのことを、「ブラザー」と呼び合っていたが、僕のこともブラザーと呼んでくれていたので、きっと血の繋がりは関係ないのだろう。彼らと仲良くなれた今は、ヒマラヤを見逃してよかったとさえ思っている。刻一刻と変化していき、その流れに身を任せることが大切だ。これまでに出会ったバックパッカーに、

「任務を遂行しなくては！」

なんて言っているヤツは一人もいなかった。今後の予定を聞くと、誰もが、

「明日には明日の風が吹くさ」

といった雰囲気で何も決めていなかった。きっちりこなさなくては気が済まなかった僕にも、彼らの生き方が染みついてきた。

すぐにカトマンズからニューデリー行きの飛行機に乗り換えた。たった2時間でニューデリーのインディラ・ガンディー国際空港に着陸したが、ここまで来るのに合計で丸2日を要したことになる。やはり最終目的地インドは、僕に多くの困難を与えてくれた。

イミグレーションの前に並ぶ。順番が来て、パスポートとe-VISAを審査官に渡してから

の3分間。国境でのトラウマが蘇り、心拍数が上がる。また断られたら、なんとか這い上がったメンタルはポキッと折れてしまうだろう。大丈夫だよな……？

審査官は僕のパスポートに力強く判を押して、入国を許可した。危うく審査官のオジサンに抱きつきそうになった。あんな場所に突然放り出されて、よくぞここまで辿り着けたものだ。僕はタフな男なのかもしれない。

何はともあれ、インドだ！　新鮮な気持ちで空港を出た。いつものように群がるタクシー運転手。他国と比べて段違いにしつこい。こちらが日本人であることを一瞬で見抜かれているようだ。

「トウキョウ、オオサカ、ダイスキ！」

とカタコトで勧誘してくる。中には、無視を決め込むと「オマンコ野郎！」とえげつない下ネタで怒鳴るヤツがいた。さすがに、

「俺は男だぞ！　それを言うなら俺は……」

と訂正しそうになったが、やめた。さすがインド。使い方は間違っているにせよ、一体どこでそんな言葉を覚えたんだ。売店でお菓子を買おうとすると、店員の男は、

「細かい釣り銭を持っていない」

というあからさまな嘘をつき続け、500ルピー札で支払った僕におつりの50ルピーを返そうとしない。他の店員が、

「やめなよ」

と彼の肩を叩いて注意しているのに、ずっとにやけながらこちらを見て、

「釣り銭はない」

と言ってくる。どう考えてもぼったくり目的ではなく、ただの意地悪なのが伝わってきた。空港から徒歩1分で着くはずのホテルは周辺に存在せず、実際は20分も離れたところで見つけた。今のところ小さな出来事だが、最悪な印象だ。これが噂のインドか……。僕は8カ国目にして最後の国、インドに足を踏み入れた。

4月7日　月面世界レー

「月に来てしまったのか!?」

と思わず叫びそうになった。インド北部レーの町を目の当たりにして驚いた。視界が白と

茶でくっきり二分されていた。右側に広がる雄大なカルドゥン・ラは真っ白な雪を被っている。一方、左側は名もなきハゲ山で、茶褐色のゴツゴツした岩肌が剝き出しになっていた。断崖にしがみつくように民家が群がり、集落を形成している。そのコントラストもさることながら、360度空に突き刺すような峰に囲まれ、右を見ても左を見ても、これぞまさしく絶景だった。旅を続けるうちに、古いSF映画に迷い込んだようだ。

今朝、インドの国内線に乗り込んだ僕は、北方を目指した。パキスタンや中国との国境からほど近いこの山岳地帯は、日本の外務省が公開している渡航者向けの治安マップで、危険レベルが高いとされていた。行こうか行くまいか悩んだが、写真で見たレーの景色に惹かれて、恐怖心よりも好奇心が勝った。

共同宿の同居人に見せてもらった一枚の写真だけを頼りに足を踏み入れてしまったので、宿も町のことも何も知らなかった。僕は到着するなり、レーの町を彷徨った。朝7時。電波は入らず、カフェも見当たらない。宿も見当たらない。人通りは少なく、出会うのは道端に佇んでいる牛か、丸まって眠り込んでいる狼のような大きい犬だけだ。時折見かけるのは、トレッキングをガイドする男たち。彼らはみんな、民族的なデザインの防寒具に身を包んでいる。これまでの地域とはガラッと気候が変わり、この地は極寒だった。そもそも、町と呼

月に住んだらこんな感じだろうか。

んでいいのかも怪しくなってきた。

1時間以上は歩いた。牛に餌をやっているオバサンや、ボケッと道端に座り込んでいるオジサンに聞き込み調査を続けるうちに、なんとか町唯一のマーケットに来た。

ここまで来ると、ようやく辺りに人が増えてきた。パキスタンや中国との国境が近いせいか、拳銃を持った軍人が闊歩《かっぽ》し、ほんのり戦争の匂いがしたものの、かなり長閑なところのようだった。それもそうだ。突き刺すような峰に囲まれた天空の閉鎖空間で、どう忙《せわ》しなく生きろというのだ。

とはいえ、僕は悠長に構えていられなかった。寒いし空気は薄いし、腹も減ってきた。さらにマーケットはほとんどの店が閉まっていて、がらんとしていた。日本の過疎化したシャッター街のように寂れている。週末は全店舗お休みらしい。日本に曜日感覚を置いてきた僕は、今日が日曜であることをすっかり忘れていた。よりによって到着した日に……。僕はアンラッキーな旅人だ。

「ＣＬＯＳＥ」の看板が立ち並ぶマーケットを後にして、再び1時間ほど彷徨った。寒さと飢えが限界に達して、僕は野良犬のごとく道端にへたり込んだ。もうダメかもしれない。真冬の北海道ぐらい気温が低いこの地で、生きていける気がしなかった。

リュックサックから、ニューデリーの売店で買ったチョコレートを取り出して齧った。びっくりするほど美味かった。すぐ近くで寝ていた大きくて真っ白な犬がモソッと顔を上げ、こちらを見た。奪われまい、と急いで食べ切った。

「このチョコは俺のだ！　近寄るな！」

と慈悲の心さえ冷え切っていた。食料は底を突いた。この犬と僕に一切の友情は生まれなかったが、僕らは「フランダースの犬」のような結末を迎えそうになっていた。寒さで眠くなってきた。そろそろ天使が迎えに来るかもしれない……。

見上げると「PALACE VIEW」の看板。なぜか宿だと確信して駆けつけ、ドアをノックして返事を待たずに中に入った。予想的中で、そこはゲストハウスのロビーだった。カウンタ

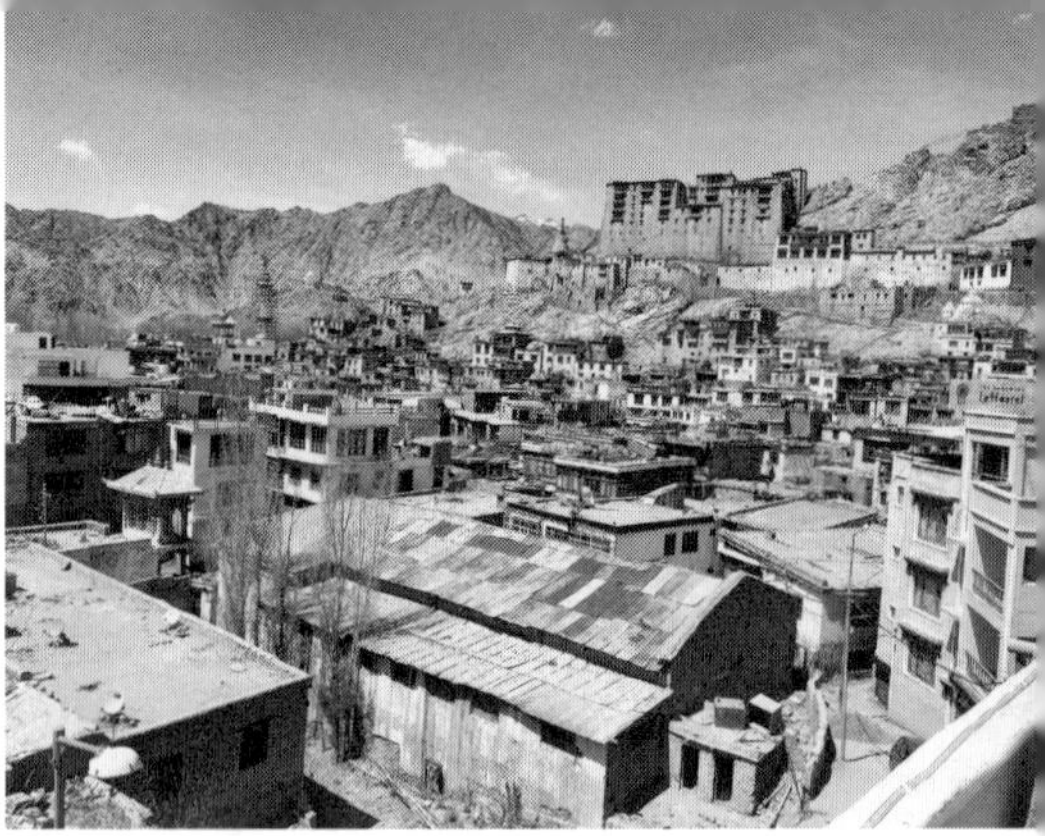
ゲストハウスの窓から見えるレーの町並み。

ーにいたボーイがあたたかいチャイを出してくれた。今夜は絶対にここに泊まろうと決めた。彼は至れり尽くせり優しく対応してくれて、痒いところに手が届くようなサービスを施してくれた。オートバイも貸してくれるらしい。チャイを一気に飲み干すと、元気がみなぎってきた。すぐさまマニュアル式オートバイにまたがって外へ飛び出した。彼がお薦めしてくれたスポットを巡ることにした。

どこまでも続く一本道。両側には月面世界。砂ぼこりを上げながら、400ccはありそうな重いオートバイで風を切る。グングンと速度を上げて町を離れ、峠を登っていく。僕のバイクのエンジン音だけが大地に響いて心地いい。

山の上にあるチベット仏教の寺院までやってきた。寺院もまた岩肌にしがみつく形でそびえ立ち、まるで龍の住処《すみか》のようだった。バイクから降りて、寺院の階段を登り始めた。レーの町が標高3650メートルだったので、ここはもっと高いはずだ。ちょっと登っただけで喉がヒューヒューと音を鳴らし、空気の薄さを感じた。

寺院の各階には巨大な仏像がいて、ダライ・ラマの写真が飾ってあった。近くで僧侶が太鼓を鳴らしながらお経を唱えている。休憩がてらで申し訳ないが、各階で正座でお祈りをしてから上を目指した。

ようやく寺院の屋上に着いた時には、疲労と息切れが尋常ではなかった。オリンピックでも目指すかのような高山トレーニングだった。呼吸を整えてから目を開けると、それはそれは目を見張るほどの素晴らしい景色が広がっていた。さっきまで見上げていた山々が同じ目線にある。遠方で豆粒ほどに小さくなった集落が見下ろせた。

僕はどうしようもなく寂しくなった。まるで僕一人だけが、地の果てを覗いてしまったような気がしたのだ。でもその寂しさは嫌な感覚ではなかった。不思議と心は穏やかで、悲しくないのに涙が頬を伝った。もし誰かとこの感動を共にしていたなら、僕とそいつは永遠の絆で結ばれるに違いない。しかし、動物や虫さえもいない完全なる静寂が辺りを呑み込んでいた。

突然、そばにいる「ぼく」という存在を愛おしく思った。反吐《へど》が出るほど己の嫌な部分と直面してきたが、すべてひっくるめて僕は「ぼく」を抱き締めた。自己肯定感の低い僕が初めて「ぼく」と仲良くなった瞬間だった。

帰り道はさっきまで右にあったカルドゥン・ラを左に、左にあった名もなき岩山を右に眺めながら、茜さすレーを目指した。宿に着き、バイクを停めて降りようとした瞬間、油断してバイクもろとも転んだ。ハンドルの先端が右足の甲にめり込んで悶絶した。打撲している気もしたが、致命傷ではない。冒険する者にとって傷は勲章だ。そう前向きに捉えるしかない。どうせ病院なんて見つけられるわけないのだから。

4月8日　遭難とバイク事故

とんでもない凡ミスを犯してしまった。日本に帰るどころか、危うく命さえも失っていたかもしれない。自らの愚かさに激しく落ち込む。

400cc型のマニュアル式オートバイで転倒してしまったので、今日は小さなスクーターに替えることにした。見た目はカッコ悪いが、このサイズなら安心だ。さらに町から離れた寺院を目指すことにした。

1時間半ほどスクーターを走らせ、軍人が多く集まるミリタリーステーションを横目に、

ゴツゴツした岩肌に、カメラの三脚を立てるのは一苦労。

どんどん遠くへ進んだ。2時間ほどが過ぎた頃、透き通った川を渡り、国道から逸れた峠道を登った。やがて岩肌にそびえ立つ寺院が現れた。

　スクーターから降りて、岩壁に沿って造られた階段を登り始めた。あと一息で頂上というところまで来て、大きな門が立ちはだかった。鍵がかかっている。頂上には行けなかったものの、そこからの景観も充分素晴らしかった。酸素不足による疲れも吹き飛び、遠出して来た甲斐があった。

　植物は見当たらず、足元にはさまざまな大きさと形の石が転がっていた。ここに訪れた先人が、石を積み上げてオブジェを作っていたので、僕も真似して作ることにした。なるべく平坦な地面を選んで、平べったい石を拾い集め、大きい石から順番に重ねていった。絶妙なバランスを見つけて、六重まで積み上げることができた。どのような意味が込められているのかわからないが、見た目は正月の鏡餅みたいだ。すぐに風で崩れてしまうだろうけど、ここにいる証を残すことができて嬉しかった。下りは楽で、あっという間にスクーターを停めたところまで戻ってこられた。

疲れたので町に引き返そうとヘルメットを被った時だった。隣の岩山の頂上に大きなブッダ像が見えた。目を凝らすと、斜面に沿って階段が作られている。どうやら登れるようだ。どの寺院でも仏像は室内に鎮座していることが多く、青空の下に剝き出しなのは珍しい。

「ここまで来い」というオーラをひしひしと感じたが、少し距離もあるし、足腰にはダメージがきていたので諦めて帰ろうとした。

スクーターで走り出して数分後、やっぱり呼ばれているような気がして、引き戻してそちらの岩山に向かった。近くまで来ると砂利道になっていた。不意に、

「ここでタイヤがパンクしたらどうしよう」

とひるんだが、ブッダがお呼びなので強引にアクセルをふかして登り切った。階段の下に着き、スクーターを停めて登り始めた。階段は空に向かって果てしなく伸び、数えるのがバカらしくなるほどだった。ヒーヒー言いながら、なんとか頂上の祭壇に着いた。やはり空の

下で座するブッダ像は説得力があり、この世界のすべてを見据えているかのようだった。思わず正面に正座をして、頭《こうべ》を垂れて手を合わせた。願い事をしかけたが、彼の目を見上げると仏頼みは違うような気がして、唱え直した。

「お力は借りません。自分を信じて旅を乗り切ってみせます」

ブッダは優しく頷いたように見えた。

さあ、帰ろう。疲労困憊で、ふらふらと階段を降りてスクーターのところまで戻ってきた。

その時だった。

「鍵がない」

入れたはずのポーチにスクーターの鍵がない。上着とズボンのポケットをまさぐったが、お菓子のゴミだけだった。そんなわけがないと、すべてのポケットをひっくり返して、スクーターの周囲もくまなく探した。どこにもない。

ない、ない、ない、ない、ない！　心臓の音が、静かな山岳にこだまし始めた。残るは階段か、頂上の祭壇だ。疲労を忘れるほど気が動転していた。急いで、長い階段をまた登り始めた。心細さが相まってさっきの10倍はしんどい。一段一段調べるが、鍵らしき物は見当たらない。落としていたら、チャリンと音がしていたはずだ。唯一の希望はあの狭い祭壇に託された。

ヒーヒーどころかゲーゲー息を吐いているうち、さまざまなことが頭をよぎった。祭壇になかったら、僕は終わりだ。忘れたのが祭壇だとしても、風に吹き飛ばされて崖から落下していたら捜索不可能だ。ゲストハウスに電話しようにも、電波など2日前から届いていない。スクーターを捨ててヒッチハイクも考えたが、車の走る峠までは徒歩で何時間もかかるはずだ。太陽は傾き始めている。少しずつ気温も下がってきた。鍵が見つからなかった場合、ここで凍え死ぬ。夜は気温が氷点下まで下がるらしい。完全に遭難じゃないか。どうしよう。

いや、さっき山の麓で赤い僧衣をまとった小僧たちを見かけたぞ。彼らに話しかけて、なんとか一晩だけ寺院に泊めてもらうことはできないだろうか。無宗教の僕に、そんなことが許されるのだろうか。ゲストハウスのボーイは、心配するだろう。バイクをレンタルした日本人が、連絡もなしに帰ってこないのだ。捜索願を出してくれるだろうか？　そもそもこの町に警察やレスキューはいるのか？「死ぬかもしれない」という恐怖を回避するために、あらゆる可能性を駆け巡らせた。

もはや歩くこともままならず、最後は四つん這いで頂上に辿り着いた。地面に鍵は落ちていなかった。汗なのか涙なのかわからない。ビシャビシャの顔で、ブッダ像を見上げた。彼は先ほどと同じ目をしていた。あぐらをかいた膝の上に手を添えて、この世界をじっと見つめていた。その右手の先にポツンと、スクーターの鍵が置いてあった。

「あった」

思わず声が出た。僕はそのままぶっ倒れた。とてつもない安心感が押し寄せて、咳としゃっくりと息切れとゲロが同時に出そうになった。大の字に寝転んだまま動けない。ゆっくりと流れる雲をいくつも見送る。お金は賽銭箱に入れた記憶はあるが、大事なスクーターの鍵まで仏に献上するほどイカレたことはしていないはずだ。これはきっとブッダのお告げ。鍵を持っていてくれたのは紛れもなく彼だ。動悸が落ち着くのを待ってから起き上がった。

「やっぱり僕の力だけでは旅は無理です。今後も助けてください」

と改めて正座して手を合わせた。遭難を免れた僕は、レーに向かってスクーターを走らせた。

しかし、話はこれで終わらなかったから恐ろしい。本当の事件はこれからだった。危機的状況をクリアした安堵から、少しボーッとしていたのかもしれない。カーブに差しかかると、前方に牛が現れた。よけようとして大回りを試みた。道路脇に細かい砂利が積もっていたのは覚えている。その砂利に傾けたタイヤが触れた瞬間のことだった。スリップしたスクーターは、バランスを失って転倒した。そのままカーブの外壁にぶつかりそうになった。僕の全身も同じく真横に傾き、激突を避けようと着地を試みた結果、右足首が車体と地面に挟まれ、捻り上がった。

「ウッ」

痛みや恐怖はなかった。最初に浮かんだ感情は、

「足を怪我したら旅が続けられなくなる」

という焦りだった。対向車のトラックと後続のバイクの運転手が降りて駆け寄ってきた。相当、激しい転倒だったのだろう。自分では大したことないと思いたくて、何食わぬ顔で起き上がった。心配する彼らに「ＯＫ、ＯＫ」と言って、服についた砂を払い落とし、倒れたスクーターを拾いに行った。

昨日軽傷で済んだ右足を、今日は捻ってしまった。速度は出ていなかったので、擦り傷などは見当たらない。しかし冷静になると、足はかなり痛かった。今後は足を引きずって旅をすることになるかもしれない。そう思うと余計に痛みは増した。

ありがとうございます……。

こんなところに……。

夕暮れ過ぎにレーに帰ってきた。とんでもない日になった。レンタルバイクには傷をつけてしまった。ゲストハウスのボーイはなんて言うだろう。足のほうはパンパンに腫れてきた。

ブッダは僕にどのようなお告げをしているのだろうか。遭難しなくて済んだし右足首以外に大した外傷がなくてよかった、と感謝すべきなのか。それとも、自分の愚かさを反省するべきなのか。ブッダよ、教えてくれ。

4月9日　ギプスと風邪薬

大学時代。インドでボランティア活動をしたり、自転車でアメリカ横断したりするような同級生がいた。それを横目に僕はどこにも行かず、地下のライブハウスにこもって、一心不乱にギターをかき鳴らして歌ってばかりいた。そっちのほうが誰よりも遠くへ行ける気がしていたし、なぜ限りある学生生活を旅に費やすのか、さっぱり理解できなかった。

それがどうだろう。時を経て、彼らの多くは家庭を持ち、自由に旅なんかしなくなった頃、

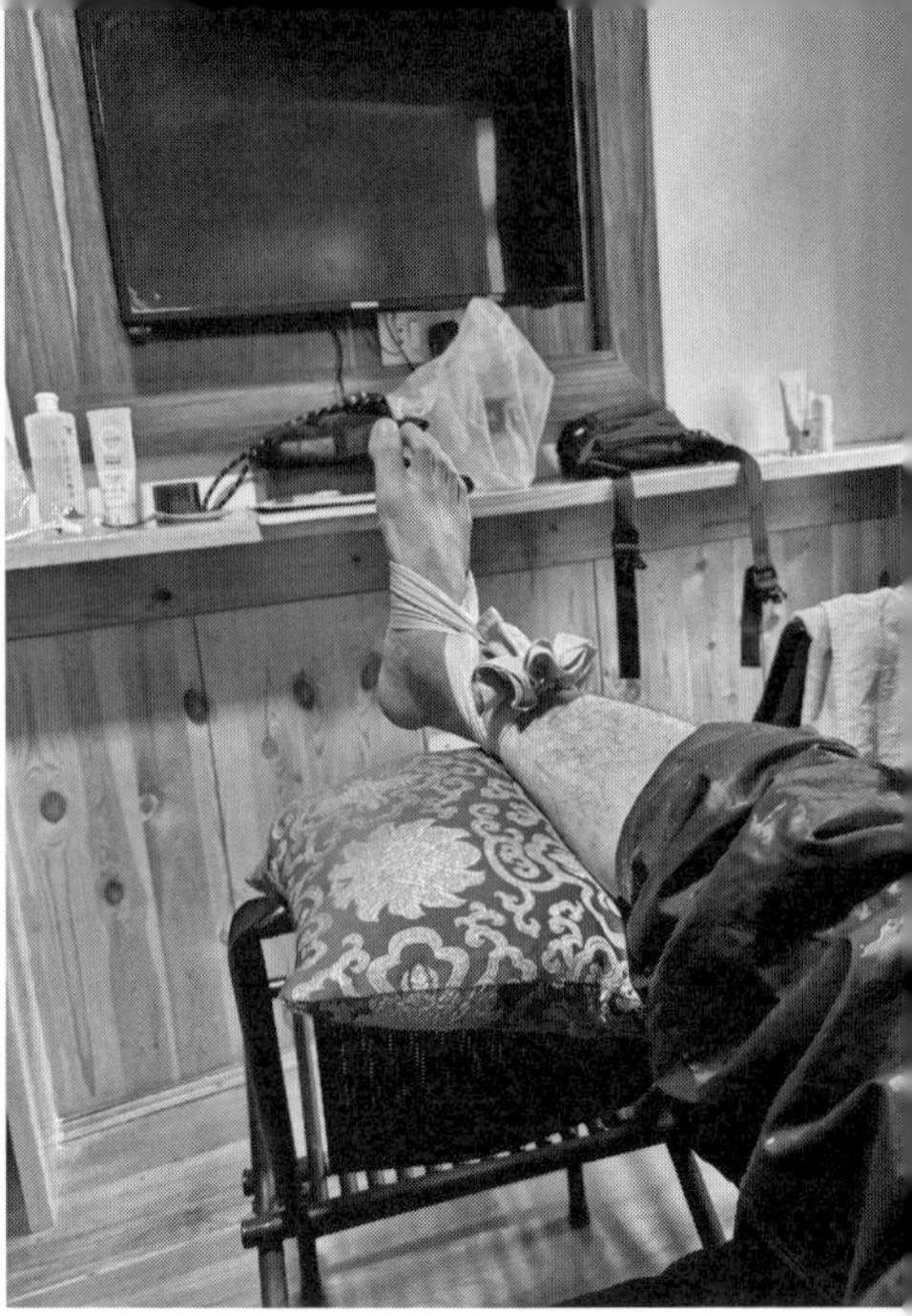

心臓より高い位置に上げておくといいらしい。

今度は僕がギターを捨てて旅人になっている。あれほど冒険心を駆り立てられた音楽に一区切りつけるまで、10年以上を費やし、あれほど旅に無関心だった僕がリュックサックを背負うまで、同じく10年以上かかった。それが早いのか遅いのかはわからないが、きっと昔の連中が今の僕を見たら笑うに決まっているだろう。

レー最終日。やはりバイクで転倒したのがよくなかった。右足の調子がすこぶる悪い。昨日、腫れ上がったくるぶしは、骨が軋《きし》むほど冷たい水道水で冷却したおかげで、少しよくなった気がする。しかしながら、歩こうと右足に重心をかけると激痛が走る。宿から徒歩3分のマーケットまで昼飯を食べに行くのに、15分もかかってしまった。道ゆく子どもに歩き方を真似されたり、勘違いした観光客にお賽銭を恵まれそうになったりしながら、なんとか足を引きずって往復した。これではまずいとリュックサックを漁《あさ》って、蚊よけのアームカバーを引っ張り出した。足首に巻きつけて関節をギュッと固定した。お手製のギプスだ。追い打ちをかけるように、朝から喉に違和感があった。午後から痛みに変わり、熱も出始めた。寒さにやられて風邪をひいてしまったようだ。こちらは持参した葛根湯とトローチでなんとかなればいいが……。過密な行程が祟ったのかもしれない。休息が必要だと身体が教えてくれているようだ。一日中、ゲストハウスで安静にすることにした。

眠っていると、ボーイがやってきて申し訳なさそうに、スクーターについたキズの修理代の半分を請求してきた。当然のことなので、支払いに応じて丁寧に謝罪した。

「足が悪いから、今日もここで寝させてくれ」

と言うと、彼は、

「何か力になれることはないかい？」

と優しく聞いてきた。あとは眠るだけだと言って、お礼を伝えた。

明日は、ニューデリーから始まる鉄道旅が幕を開ける。今は一刻も早く、この極寒の惑星から脱出したかった。氷点下の中、キンキンに冷えた水シャワーを浴びることはできなかった。もう3日も風呂に入っていない。頭髪からはカビっぽいヘルメットと汗と土の臭いがする。今後も綺麗好きと自称していいのだろうか。考えものだ。

4月10日　病み上がりのニューデリー

昨夜は寝苦しくて何度も目が覚めた。喉風邪は葛根湯では太刀打ちできず、唾を飲み込むたびに痛みを伴うほど悪化した。体温計を持っていないため、正確な体温はわからないが、節々の痛みと頭痛、悪寒が高熱であることを示唆していた。

0：00、2：00、3：40、4：30。何度も悪夢にうなされては飛び起きて、時計を見て朝になるのを待った。夢の中で、僕は繰り返し岩肌の崖を転がるように下山していた。眼下には東京の風景が広がっていて、

「下山すれば、東京に着くぞ！」

と僕は必死になっていた。崖は永遠に終わることはなかった。

午前10時。ボーイがドアをノックして、朝食の準備ができたと伝えてくれた。昨日までは朝食はまだかとせっついていた僕が、あまりに起床してこないので心配した様子だった。捻挫した右足はなんとかなりそうだ。夜通し汗だくになったおかげで熱はだいぶ引いていたが、身体は鉛のように重かった。それでも、とにかくレーを離れたかった。

昼過ぎに、国内線の小さな飛行機で離陸した。機内の窓から、人間が暮らしているとは到

底思えない岩だらけの地表を眺めて、こんな荒地に３日も泊まっていたんだ、と感慨深かった。鍵をなくして遭難しかけたり、バイクで転んで右足を負傷したり、風邪をひいて苦しんだり。振り返ってみると散々な出来事ばかりだった。あのゲストハウスの心優しいボーイと出会わなかったら、とても乗り越えることはできなかっただろう。逆に言えば、彼と出会わなければバイクをレンタルすることもなく、遭難も転倒もしなかった。遠出もせずにあたたかい部屋でゆっくり過ごしていたら、風邪もひかなかったかもしれない。

でも僕は、月面世界で過ごした３日間を大切に心の中に刻んだ。未来なんて何一つ決めることはできない。ボーイとの出会いも、寺院の屋上から眺めた絶景も、巻き起こった数々のトラブルも、きっと運命だったのだ。僕だけに与えられた運命。

夕方、再びニューデリーに戻ってきた。４日前の記憶があるためか、街の縦横無尽に人が行き交う雑踏や強烈な臭い、どことなく観光客を小馬鹿にする押し売りも不思議と苦じゃなかった。さらっと地下鉄に乗って、目的地の駅に着いた。明日はアグラに向かう。事前に鉄道の切符を買っておこうと思ったが、街の誰もが違うことを教えるので明日に放り投げた。なんとかなるはずだ。見えない明日を受け入れよう。

今晩の宿は明らかに未完成なホテルだった。エレベーターは箱がなくて煙突のような空洞だった。廊下には梯子や壁板が散乱していた。簡易的な照明がぶら下がっているだけで、工事現場に迷い込んでしまったようだった。部屋は案外まともだったが、ルームサービスでチキンカレーを頼んだら、フィッシュカレーが届いた。

病み上がりのニューデリー。そういえば、何日も一人部屋で寝ている。明日アグラに着いたら、共同宿を探そう。

4月11日　アグラで拉致

まだ月が照らす明け方のニューデリー。駅前は人、犬、リキシャ、車、バイクによる乱痴気騒ぎだった。そこかしこでクラクションと怒号が飛び交っている。病み上がりの身体を引きずって雑踏を掻き分け、鉄道の切符を手に入れた。といっても、昨日駅員に教えてもらった正規の窓口はシャッターが閉まっていたので、ポン引きの男に連れていかれた旅行会社で買わされるハメになった。駅構内に設置された看板には、ぼったくりの常套手段が細やかに説明されていて、旅行者に注意喚起が促されていた。

「駅前で声をかけてくる男についていき、旅行会社を通してチケットを買うのは危険です。詐欺の恐れあり。駅の窓口で購入しましょう」

まんまと騙されているような気がしてならなかったが、正規ルートとさほど変わらない値段だったのでよしとしよう。

２番ホームから列車に乗り込んだ。インドの鉄道は自分の席に必ず誰かが座っていると聞いていたが、早朝だからか、僕の席には誰もいなかった。ところが数分後にインド人が来て、

「そこは俺の席だ！」

と怒鳴ってきた。調べると僕の席は一つ隣だった。噂で聞いていた話をそのまま僕がやってしまった。

３時間ほどで、タージマハルを有するアグラ駅に着いた。改札を出ると、オートリキシャ（インドの三輪自動車タクシー）の運転手が群がってきた。中でもとりわけしつこく勧誘してきた男がいた。その名はアキール。風貌はごく普通の中年男性。短髪で、髭は綺麗に整えており、清潔感を漂わせていた。いつものように無視を決め込んだが、彼は商売上手だった。今まで自分がアテンドした日本人の感想を動画で僕に見せてきた。画面に映る日本人たちは、

「アキールさんはちょっと面倒臭いけど、いろいろ世話をしてくれて優しいです！」

「彼は親切でサイコー！」

とカメラに向かって次なる旅人に伝言を残していた。久しぶりに日本人の顔と言葉に触れて、心を許してしまった。僕は、アキールと名乗るこの男に任せることにしてしまった。

そこから怒濤のアキールツアーが始まった。タージマハル、アーユルヴェーダ、両替、昼飯、カシミアの衣料店、バラナシ行きの寝台切符。彼の思うがままにオートリキシャで連れ回される。メジャーデビューしたばかりの20歳の頃だろうか。大学生活と音楽活動の両立で最も忙しかった時期のマネージャーより、分刻みのスケジュールで僕を稼働させる。確かに動画の感想通り、さまざまな場所に連れていってくれるし、ビールも奢ってくれた。運転は少々荒々しいが、繰り返し口ずさむ日本の歌謡曲は上手だった。

「バ〜ラガ咲イタ　バ〜ラガ咲イタ」

しかし、声を大にして言いたい。優しさは度を越えるとお節介になる。タージマハルを前に、彼が考案したポーズで写真を撮らされる。遠近法を駆使して、僕がタージマハルの先端を指でつまんでいるかのように見せる写真からは、観光客の軽薄さを感じた。

「モット笑顔デ！　モット右ニ！」

と言ってくるアキール。

「自分の好きなようにやらせてくれ！」

と、ワガママなタレントみたいなことを叫びそうになった。

アグラ城は単独で行動させてもらうことにした。しかし今度は、アグラの住人が放っておかない。道端の子ども、通りすがりの男、追いかけてくる商人。みんなが肩を叩いて話しかけてくる。なんか呼ぶ声がするなと振り返ったら、男がわざわざ雑踏の向こうから僕に大声でコーラを勧めていた。夕方、ようやくアキールから解放されて共同宿に着くと、酔っ払ったバックパッカーが、

「カラオケに行こう！」

と誘ってきた。

「もう放っておいてくれ！」

僕は英語が理解できないフリをして、共同宿のベッドでブランケットを頭から被った。寂しい一人旅のはずが、僕は今孤独を欲している。一人になりたい。明日はアキールの家で彼の妻の料理を食べなくてはならない。別れ際、強引に決められてしまったのだ。アキールは、念を押すように繰り返しカタコトの日本語で言った。

「ボク、裏切リキライ。日本人ハスグ仮病ツカウ。腹イタイ。頭イタイ。予約キャンセル。

コレ全部ナシヨ。アナタハイイ人。約束マモルヨネ？　明日ハ朝7時ニ迎エニ来ルヨ。約束ダヨ」

終始、陽気だったアキールが、この時だけは獲物を見つけた虎のような鋭い目をしていた。一人旅の醍醐味は、自由と放埓の日々ではないのか？　僕は一体何に巻き込まれているのだろう。

「他人に自分の意思を決めさせない」と誓ったのに。

4月12日　大理石のコースター

アキールは、時間ピッタリに宿の前で待ち構えていた。朝7時。彼は僕の姿を見つけるなり、

「オウ、日本人、約束守ル、ダイスキ！」

と挨拶代わりに叫んだ。悲しいことに、僕は約束を守る男なのだ。引きつった笑顔で会釈してオートリキシャに乗り込んだ。本当は、一晩中どうやってこの男から逃れられるかを考えていた。昨日の別れ際にした指切りげんまんのせいで、頭イタイとか腹イタイなどの仮病は封じられていた。こちらの思惑なんて、彼にはお見通しだったのだろう。今日も一日中連れ回されるのだ。僕に自由はない。仮病ではなくて、本当に頭が痛くなってきた。

宝石商、絨毯商、シルク商、家具商……。終わりなき商店巡りが始まった。一度たりともこちらからあれがほしい、これがほしいとお願いした覚えはない。そのような買い物に、興味も金も持ち合わせていないのだ。そんな僕をよそに、彼は次から次へと店を巡っていく。お店とアキールは無関係なフリをしているが、ズブズブな関係であることは明白だった。店内に押し込められると店員が待ち構えており、フカフカの椅子に座らされて、冷たい飲み物

が出てくる。そこから押し売りが始まる。アキールは店内をウロチョロして、時折横から、

「コレハイイネ！　コレハイイネ！」

と商品を褒めてくる。商品の説明が長引けば長引くほど、断れない空気が漂ってくる。しかし、ここで押し負けて買ってしまえば一撃で僕は破産だ。なぜなら、僕の目の前に並べられる品々は、ルビーやサファイアだったり、ブラックスター、シルバーストーンの宝石類。どれも高級品ばかりだ。まるでドバイの富豪にでもなった気分だが、現実は真逆だ。一郎さんからもらった資金もだいぶ少なくなってきていた。何度もいらないと断るものの、また次の商品が運ばれてくる。藁にもすがる思いでアキールに助けを求めてみるが、相変わらず、

「コレハイイネ！」

と連呼するだけだ。一つ断ったら次の商品が運ばれてくる。また次の商品。店を出たら次の商店へ。このパターンが朝からエンドレスに続いた。昼を過ぎた頃には、100万円のペルシャ絨毯の説明をうつろな目で聞いていた。僕のメンタルは完全に壊れていた。もはや、「いらない」の一言も言わなくなっていた。ただ黙って壁の一点を見つめ、話が終わるのを待ち続けた。これはきっと何かの精神実験なのだ。実験結果は僕を見てもらえれば一目瞭然。人は、いらない物を永遠に薦められると頭がおかしくなる。だが、「絶対に買ってはいけな

い」という信念だけは貫いていた。今日一日がこの不毛な時間に費やされることに関してはもう諦めた。自由なんてもはやいらない。だけど、誰が買うもんか。絶対に負けないぞ。

夕方、僕は６万円もする大理石のコースターを買っていた。10軒目だろうか。「政府公認」というぃかにも嘘臭い宣伝文句を売りにする大理石商での出来事だった。この時の僕は終わりの見えない苦しみから「買ってしまえば解放される」という思考に陥っていた。一方、アキールはお店のカウンターに商人と並んで立ち、買え買えと勧めるようになっていた。６万円が安いと感じた。大理石のコースターが僕にとって、とても必要な物とさえ思い始めていた。６万円で済むなら、ありがたい。

「買います」

と伝え、財布から札束を出した時、久しぶりに一郎さんの顔が浮かんだ。

「これってそういえば一郎さんの金なんだよな」

いや、本音は違う。僕は、

「一郎さんの金だし、まぁいっか」

と思った。僕は最低な後輩に成り下がった。商人は心から嬉しそうに６万円を受け取った。

チラッとアキールのほうを見た。他人事のような顔を決め込んでいたが、彼の表情には隠し

ホンモノの大理石なのか?

きれない心のガッツポーズが浮かんでいた。

商店巡りは、買ったら解放された。次にアキールの家へと行くことになった。リキシャ乗りの自宅までついていくなんて行動は、どのガイドブックでも推奨されていない。むしろ禁止事項の欄に書かれているだろう。彼の言いなりとなっていた僕はなすがまま、民家の中に入った。アキールはさっきまでの威勢はどこへやら、突然大人しくなった。妻に猛烈に怒られている。昨日僕を宿に送り届けた後、連絡もせずどこかに泊まったらしい。僕が何を言っても言いくるめてきたのに、妻にはまったく言い返せないでいる。ざまあみろ!と思った。でもそのせいか、用意してくれるはずだった食事は出てこない。

うなだれている彼を置いて、外で息子たちとタバコを吸いながら話をした。男5人、女1人の6人兄妹らしい。アキールから、一人娘が腎臓の病気で寝たきりなのだと聞いていた。妹の体調を息子たちに聞くと、「何それ?」という表情で顔を見合わせた。

夫婦喧嘩が終わり、オートリキシャで遠く離れた城を見に行くことになった。城はイスラム教のラマダン明けのお祭りをやっていて、ごった返していた。ガイドはいらないと散々言っているのに、男のガイドがついた。アキールは敷地の外で待っているらしく、入り口で一旦別れ、ガイドと城の中に入った。若者が集い、ドンチャン騒ぎしていた。手は引っ張られるし、ポーチは取られそうになるし、雑踏にバイクで突っ込んでくるヤツまでいる。アキールめ。自分だけ楽をして、僕を厄介なところにぶち込みやがったな。

列車の時間が近づいていたので、広い城内を急ぎ足で見て回る。感動している暇もない。ガイドも早口で説明をしてくるが、訛《なま》りのキツい英語なので何を言っているのかさっぱりわからない。10分程度でアキールの待つ入り口に引き返した。ガイドから、

「アキールには秘密にしてほしいが、ガイド料とは別に５００ルピー払ってほしい」

と言われた。全員で僕の取り合いをしているような気がしてきた。僕をラグビーボールのように奪い合い、点を争うように金をもぎ取っていく。もう嫌だ。早く列車に乗りたい。

結局、出発時刻ギリギリにアグラ駅に着いた。この２日間、アキールは、

「ボクラハオカネノ関係ジャナイヨ。ボクラハ家族ダヨ！」

と何度も言っていた。そのくせ、当初２日間で１５００ルピーの契約だったはずが、５０

00ルピーを請求してきた。

「ムスメガ病気ナンダ。ボクラハ家族ダロウ？」

僕は目撃していた。アキールの家を出発する時、寝たきりのはずの一人娘が裏庭で豪快に水浴びをしていたのだ。真実は問い詰めたところでわからない。ただその健康的な水浴びと、息子たちに妹の病気について聞いた時のハテナ顔が引っかかって、どうしても信じることができなかった。

「1500ルピーって決めたじゃないか」

とごねると、アキールは、

「頭イタイ……頭イタイ……」

と頭を押さえ始めた。真実はわからない。本当に頭が痛くなったのかもしれないが、僕には頭イタイとか腹イタイは禁止だと言っていたじゃないか。

列車の時間が間もなくだったこともあり、僕は結局支払うことにした。別れを告げて駅に向かって歩き始めた。振り返ると、僕の渡した札を一枚一枚数えるアキールの姿があった。

正直、この2日間は散々な目に遭った。アキールと最初に出会った時に、動画で見せてきた日本人の感想はなんだったのだろう。でも僕はそのからくりを知っている。初日の昼飯時だろうか。彼はビールを奢ってくれたのだ。とてもいい人だと思った。動画を撮らせてほしいと言われたので、僕はカメラのレンズに向かって、次なる日本人旅行客にこう言った。

「アキールさんは優しい人です。ビールも奢ってくれました！　信頼できますよ！」

4月13日　バラナシの日本人宿

昨日、12時間かかる寝台列車は定刻から1時間遅れて、19時に出発した。個室はなく、コリドーに剝き出しで設置された幅の狭い2段ベッドに寝転がり、リュックサックを枕にした。カーテンを閉め切るとすぐに深い眠りがやってきた。

今朝目覚めると、バラナシ駅に着いていた。急いで駆け降りる。いよいよガンジス川にお目にかかれるのか。「沐浴」を目標にしている僕にとっては、嬉しいような恐ろしいような複雑な心境だった。

川沿いの中心街までやってきた。飲食店や商店が連なる大きな通りが川まで続いていて、活気があった。川の水面が建物の隙間から確認できたが、まずは宿探し。ラッシー屋の細い横道から裏路地に入った。

ラッシーに見向きもせずに店を通り過ぎる僕に向かって店主は、

「ニッポンジン！　クレイジーラッシーアルヨ！」

とカタコトで呼びかけてきた。ラッシーはインドの名物。飲みたいところではあるが、実は要注意な飲み物であることを僕は聞いていた。とあるミュージシャンが、インドを訪れた時に街中で薦められたラッシーを飲んだところ、そのまま気を失った。何時間経ったかは不明。目が覚めると、全裸の状態で倒れていた。荷物も財布も洋服さえもなくなっていて、胸元にはパスポートだけがポツンと置いてあったらしい……。そんな恐ろしい噂を聞いていたので、当然クレイジーなラッシーは無視だ。

裏路地は、少し空気がひんやりした。日がほとんど当たらないのだ。道幅がとても狭くて複雑に入り組んでいて、まるで迷路だ。大人が2人並んで歩いたらもうギチギチ。すれ違う時は、お互い肩をすくめる必要がある。こんな迷路のような小道でも多くの人間が行き来していた。驚いたことにバイクも通る。見上げると、狭い空で猿の群れが建物から建物へ飛び交っている。そして、鼻が曲がりそうなほどの異臭。僕は逃げ出しそうになりながらも、迷路の奥へと進んだ。

インド経験者から、困ったら日本人宿サンタナに駆け込めと聞かされていた。まだ困ってはいないが、サンタナを目指そう。というのも、「ガンジス川で沐浴」という大勝負が待ち受けている。沐浴後の体調不良に備え、安全な場所を確保しておく必要があった。

ようやく、「ここを曲がればサンタナ」と書かれた看板を見つけた。角を曲がると、目の前に巨大な牛が現れた。僕のほうをギロッと見た。

「ここから先へは行かせない」

と言わんばかりに狭い道を完全に塞いでいる。狭い路地に似つかわしくないサイズの茶褐色の牛。どうやってここまで入ってきたのだろう？　僕は立ちすくんだ。10分ほど何をするでもなく、牛と対峙し続けた。すると、牛が先に動いた。大きな胴体を斜めにずらしたことで生まれたわずかな隙間を僕は見逃さなかった。全速力ですり抜け、サンタナの扉のチャイムを連打して宿に飛び込んだ。

受付でベッドの空き状況を尋ねると、インド人のボーイは、

「日本語でいいよ」

インド人にとって牛は神聖な動物。
だが、道端の巨大なフンは神聖ではないので危険！

と流暢に言ってくれてなんだかホッとした。ベッドが一つだけ余っており、早速2階に案内してもらった。日本人宿だから当たり前なのだが、僕と同じ日本人がたくさん泊まっていた。挨拶も日本語。飛び交う世間話も日本語。どれくらいぶりだろう。初対面のはずなのに、友達と会えた気分だ！　サンタナは砂漠のオアシスだった。

午後になっていよいよ訪れたガンジス川のほとりは、想像以上に混沌としていた。人、牛、犬、猿、鳥、山羊、虫がごった返し、ゴミが散らばり、薪の上では見ず知らずのご遺体がごうごうと燃え、生焼けで流されていった。真っ先に心が言った。いや、身体が言ったのかもしれない。

「飛び込むのはやめよう」

「うん。今日はやめておこう」

僕もすかさず同意した。何も焦ることはない。下見が肝心だ。正直、見れば見るほど沐浴する気が失せた。川沿いをゆっくり歩き、丹念に様子を調べてみた。僕が飛び込める隙をガンジスは与えてくれない。それは、僕が潔癖症であることや、川が灰色に濁っていたからだけではない。どちらが上流でどちらが下流かも見分けがつかないほど、流れは穏やかだった。その雄大さに僕は萎縮してしまったのだ。

現地の人は、水浴びをしたり泳いだりして楽しんでいる。

あらゆる生命。人、牛、犬、猿、鳥、山羊、虫。焼かれて流されていく亡骸さえも例外ではない。そのすべての魂のエネルギーを、ガンジス川は受け止めて、ゆっくりと流れを生み出していた。その器の大きさと神秘的なオーラに足がすくんだのだ。果たして、僕みたいな小ずるい意気地なしも受け止めてくれるのだろうか？　体調を崩して入院するのが関の山ではないだろうか？

今日はこれぐらいにしておこう。まだ時間はある。それまでは潔癖症の自分にしがみつき、ちっぽけな人生を謳歌しよう。

4月14日　ガンジス川で沐浴

昨日の夕食後、宿の食堂に居残った4人で談笑していた時のこと。明日僕がガンジス川に沐浴することを知ると、3人は絶句した。

「なぜそんなことするの？」

「なんのために？」

「体調崩してもいいの？」

と、さまざまな質問をされた。僕はその問いに一つも答えられなかった。なぜ、心は沐浴を望んでいるのだろうか。自分でもわからなかった。彼らの表情を見て、

「バラナシに来たならガンジス川に飛び込むべき」

と見当違いな思い込みをしていた僕はショックを受けた。どうやら沐浴に挑戦する観光客はごくわずかなようで、むしろ沐浴しないという選択のほうが定石通りのようだった。そんな的外れな決断をした僕に興味が湧いたようで、

「ついてきてくれますか？」

と3人を誘ってみると、全員が快諾してくれた。朝早くに起きなくてはならないのに、3

人の目にはガンジス川に飛び込む日本人を見てみたいという好奇心が浮かんでいた。僕は僕で、実際に飛び込むのは僕一人なのに、仲間ができたような気がして安心していたのだから情けない。こんなヤツが果たして、ガンジスと向き合えるのだろうか。

早朝5時57分。6時ピッタリにセットしていた目覚まし時計が、今にも鳴り響こうと息を潜めていた。今日こそ沐浴を果たすという強い意志とこびりつく不安が、予定時刻よりも少し前に僕を叩き起こした。

「なんだ。先に起きたのか」

と不服そうな顔をしている時計のアラームを切った。薄闇の日本人宿。2段ベッドから降りて、同部屋の寝息を聴きながら、準備を始めた。

「出発の時間だな。よし、俺もついていくよ」

隣のベッドで目を覚ましたヤマモトさんは、そそくさと顔を洗いに洗面所へ向かった。支度を終えて先に玄関へ向かうと、一眼レフを首からぶら下げたミサちゃんがすでに待機していた。数分遅れて、あくびをしながらタクヤさんが、

「おはようございます」

と言って顔を出した。ヤマモトさん、ミサちゃん、タクヤさん。この3名を連れてガンジ

ス川へと出発した。

川沿いを探索した。どこで沐浴しても構わない。経験者によると、「ここだ！」と思える場所に出会えたら、そこがその日の沐浴場となるらしい。1時間ほど上流から下流を行ったり来たりしても、「ここだ！」と思える場所は見つからなかった。むしろ、「やめておこうか」と足がすくむ場所ばかりだった。

最終的には、船着場の横に目星をつけた。理由は3人に申し訳なくなって、さすがにそろそろという気遣いによるものだった。運命的な感覚より、日本人的な配慮で決めたのである。もしも一人ぼっちだったら、何時間も探し回った挙げ句、諦めて宿に帰っていたかもしれない。そういう意味でも、やはり帯同者がいたことでやらざるを得ないという勇気をもらった。

7時。この記念すべき朝に太陽は僕を照らしてはくれなかった。曇天の下で、僕は沐浴を果たした。ガンジス川では生活排水、工業廃水、動物の糞尿のみならず、火葬場で焼かれた遺体までもがその雄大な流れの一部となる。現地のヒンドゥー教徒からは神聖なる川と崇められているが、免疫力のない観光客には世界で最も汚染された川に他ならない。「足を浸けただけで熱が出る」「全身蕁麻疹になって入院した人がいる」「身体中の毛穴から菌が入って一生下痢になる」。あらゆる恐ろしい噂を耳にした。

ガートと呼ばれる大きな階段に恐る恐る足を踏み入れていく。一段ずつ水深が深くなっていく。足裏にヌメヌメした感触が伝い、滑りそうになる。慎重に降り、3段目で首元までが浸かった。ヤマモトさんはニヤニヤ楽しそうに笑っている。ミサちゃんはここぞとばかりに一眼レフで写真を撮り始めている。タクヤさんは心配そうに見つめている。

僕は意を決して、現地の人を真似して天に向かって手を合わせてから頭の先まですっぽり浸かるように潜った。その儀式を3回繰り返して、最後はクロールで向こう岸へ少し泳いでから引き返してきた。潔癖とは綺麗好きと言ってしまえば聞こえはいいが、断絶とも呼べる。自分の殻でもって他者や異文化との接触を拒んでいるのだ。そんな僕が、遠く離れた地で生涯忘れることのできない格別な菌たちにまみれた。川から上がった時、汚れたという感情は一切なかった。むしろ味わったことのない爽快感だけが全身を駆け巡っていた。

人類はなぜ危険を冒してまで冒険に足を踏み出すのか。僕にはさっぱり理解できなかった。80歳を超えても尚、エベレスト登頂に挑戦する高齢登山家。何度打ち上げに失敗しても月へと飛び立つ宇宙飛行士。死と隣り合わせの水深まで素潜りで辿り着いた世界記録保持者。誰もが周囲の人に多大なる心配をかけ、無事を祈らせ、帰りを待たせた。あらゆる犠牲を払ってまで、「ここではないどこか」を目指す意味はあるのだろうか？　踏みとどまったほうがいいに決まっている。そう考えて生きてきた。彼らとはスケールが違い過ぎて、一緒にするのもおこがましいことは重々承知の上で、今日僕はその答えに少しだけ触れた気がした。

昔から自分自身のことがよくわからなかった。何が魅力で、何が足りないのか。自分は一体誰なんだろう？　と悩んでばかりの人生だった。そして、年を重ねるごとにそれにウンザリしていた。どうすれば人から愛されるのか。どうすれば自分を愛せるのか。その方法も見つからなかった。

だからこそ、この旅では主観という殻を突き破って、自分というスペースの外に出てみるべきだったのだ。見たことも聞いたことも嗅いだことも味わったこともない世界で、殻の外から自分を覗いてみる必要があった。それはもしかしたら、山頂から雲と大地を見下ろすことや、宇宙から地球を眺めること、深い海の底から陽の光を見上げることと同じなのかもしれない。

僕にとってガンジス川は、人生で交わることなど絶対にない存在だった。しかし、インドでは毎日のようにそこで沐浴をしたり泳いだりする人たちがいる。きっと彼らは、僕にとって「ここではないどこか」への道先案内人だった。だからこそ、彼らの文化風習に基づいて、飛び込む必要があった。数多くの沐浴したことのない人からは「やめたほうがいい」と言われ、数少ない沐浴経験者からは「素晴らしい体験だからしたほうがいい」と言われた。心配してくれるありがたい言葉と、心をくすぐる冒険譚の間でずっと揺れていた。結果、そのどちらでもなく、自分の意思だけを尊重することにした。

罪深い僕を川は優しく受け止め、洗い流した。母の胎内から生まれて初めて産湯に浸かった時の感覚を、記憶ではなく身体が思い出していた。潔癖な過去も、体調を崩すかもしれない未来も、今この瞬間を流れる僕とガンジスの間では何の説得力も持たなかった。

「俺は今ガンジス川を泳いでいるんだ！」

とただワガママに、そんなことだけを考えていた。

さっぱりした表情の僕を見て、３人も爽やかな顔つきになっていた。入ろうかなとは言わなかったが、沐浴を終えた僕の姿に感動した様子だった。びしょ濡れの僕を汚いものとしては扱わず、タオルをかけたり飲み水をくれたりした。感謝を伝えると、口を揃えて、

「来てよかった」

と言ってくれた。それは、曇天の下でガンジス川に潜り、クロールで泳ぐ日本人を目撃した者にしか理解できない感情のはずだ。僕ら４人は元々知り合いではない。昨日の夜初めて会っただけで、素性もわからない。なのに、特別な何かを共有したと思う。

素晴らしい体験となったが、誰かにお薦めしようとは一切思わない。人の意見で沐浴をしようとするヤツにきっかけなど与えたくないからだ。僕は僕自身の決断と導きによって雄大なガンジスの流れの一部となったのだ。入る動機や理由なんていらない。入った者にしかわからない景色が確かにそこには存在した。

水は意外にも冷たい。
すぐにあたたかいシャワーを浴びると風邪をひくと聞いたので、夕方まで我慢した。そのおかげか僕は体調を崩さなかった。

4月15日　それぞれの旅事情

日本人宿サンタナでは、何人かの日本人と仲良くなった。さまざまな人生、さまざまな年齢だった。そして、さまざまな事情と、さまざまな旅の理由を抱えてバラナシにやってきていた。

ヤマモトさんは、50代後半ぐらいのバックパッカー。大陸横断マニアである彼は、休むことなく大陸の端から端を陸路で目指す。20代前半のミサちゃんは、バラナシに来るのは2回目。この町に誰よりも詳しくて気分屋だ。同じく20代前半のユウナちゃん。仕事を辞めて、一人で南米から4カ月も旅をしてきた。ブラジルの路上でひったくりの被害に遭っても旅をやめなかったタフな女の子だ。医者を目指すサノくんは、何度も浪人した末に医大に入学し、学生生活の合間に旅をしている。

そして、多くの時間を共にしたのが、34歳で無職のタクヤさんだった。介護の仕事を辞めて、もう6カ月もアジアを一人で回っていた。彼とは屋上でタバコを吸っている時に出会い、数秒で打ち解けた。ウマが合ったのだ。いかに自分が旅に向いていないか、早く日本に帰りたいかを自慢し合った。彼の口癖は、「あぁ、麻雀打ちたいすわ」だった。旅の理由を尋ねると、彼は少し遠くを見つめながら語り出した。

「元カノとトルコで再会して一緒に旅をするんすわ」

彼女はかなりの自由人だった。突然音信不通になることも多々あった。それが原因で別れてしまった。というより、去年の秋口に音信不通になってから全く連絡がとれず、事実上タクヤさんは捨てられてしまった。つき合っていた当時、「来年の7月にトルコから一緒に世界を回ろう」というのが、彼らが交わした唯一の約束だった。彼女がいなくなった後も、その約束を彼は忘れていなかった。そして去年の暮れ、一人でトルコを目指して旅を始めたのだ。

「なんで、わざわざそんな時間をかけてトルコを目指すんですか？」

と僕は無神経なフリをして聞いた。

「いやー、彼女とのトルコ旅行のために一所懸命働いてたんですが、彼女が戻ってこないとわかって仕事を辞めてしまったんですわ。結構な金額貯まってたんで、やることもないし、旅に出ちゃったんですよ。あー、早く会いたいっすわ」

彼の話を聞けば聞くほど、元恋人がトルコに来るとは到底思えなかったが、そんなロマンチックな旅を僕は羨ましく思った。２人が再会することを心から願う。

彼とは、昼飯を食べたり、安全なラッシーを飲んだり、夕暮れのガンジス川に行ったり、夜は屋上でビールを飲んだりした。夕暮れのガンジス川は、連日、何千人ものヒンドゥー教徒が集まる。向こう岸からも大量の船が押し寄せてきて、船上は教徒で満員だった。祈りという言葉の持つ静かなイメージとはかけ離れた大音量の音楽とダンス、燃え盛る炎、クライマックスには全員で合唱。そのボルテージの高さはもはや祭りだ。毎日行われているなんて信じられない。

ロックフェスを思い出す熱狂。

ヒンドゥー教徒はモクモクの煙を両手で扇いでから手を合わせる。

タクヤさんは明るい性格なのに声がとても小さかったので、夕暮れのガンジスで話をするとまったく聞き取れなかった。というより、騒がし過ぎるインドの街中では聞き取れないことばかりだった。それを指摘できるほど気を遣わないでいられる関係性になった。

「相変わらず声小さいすねー」

と言うと恥ずかしそうに笑った。

早朝6時。今日もガンジス川を訪ねた。タクヤさんの発案で、ボートに乗ることにしたのだ。何人かで乗ったほうが一人当たりの値段が安くなるらしいので、沐浴についてきてくれたお礼に今度は僕がついていくことにした。昨日までは沐浴のことで頭が一杯だったが、冷静に考えればガンジスも他の川と同じ。ボートに乗るのが、一般的な観光の楽しみ方である。

僕とユウナちゃんとタクヤさんの３人で一緒にボートに乗り込んだ。ミサちゃんは「あ、乗ります」と言っていたのに、川のほとりに来たらいなくなっていた。後から聞いた話では、「写真を撮りたくなったから」とのことだった。ボートから見るガンジス川もとても味わい深かった。昨日曇っていた空は晴れ渡り、朝日がガンジス川を神々しく照らしていた。ボート乗りに聞くと、ガンジスで朝日が見られないのは、非常に珍しいことらしい。僕はなんて日に沐浴をしてしまったのだと、その美しい光景を眺めながら思った。きっとそういう運命だったのだろう。曇りのほうが、僕らしいといえば僕らしい。

ボート乗りが漕いでいった先には、別の一艘のボートが浮かんでいて、男がそこから身を乗り出し、火の灯ったキャンドルと花を紙皿に載せて渡してきた。戸惑っていると、「神様に捧げるんだ。川に流してごらん」と言いながら僕の手の上に置いた。なんとなくオチは見えていたが、言われた通り川に流した。僕以外の２人もそうした。案の定、「金を払え」と言い出して、一人３００ルピーを請求された。ボート代の３倍だった。

タクヤさんがカタコトの英語で「ユーシュッドセイファースト！」と繰り返し叫んだ。カのこもった声を初めて聞いたので驚いた。結局一人80ルピーで済んだが、花売りは怒ってボートを漕いでどこかに行ってしまった。タクヤさんは「同じ言葉を繰り返すと、こいつとは会話ができねぇって諦めてくれるよ」とボソボソ声に戻って言った。3人で盛大に笑った。いい時間だった。

インドの押し売りは、他国とはまったくもってレベルが違う。アグラでのアキールとの一件も含め、その強欲さに辟易していたが、金への執着は生きることへの執着とも思えた。バングラデシュはインドに似ているといわれているが、今思うとのほほんとしていた。金にそこまでがめつくない。ネパールなんか、かなりおっとりしていた。バングラデシュがかつて世界最貧国といわれていたことや、ネパールがインドほど発展していないことの理由を垣間見た気がした。

夕暮れ過ぎ、タクヤさんが宿を出発する時間が来た。わざわざ別れを言いに来てくれた。奇遇にも、僕と彼は真逆のルートでバラナシ入りをしていた。そして彼はこれからアグラに行き、ニューデリーを目指すらしい。僕が辿った道だ。握手を交わしてから玄関の外まで見送った。

宿に戻ると、がらんとしていた。ヤマモトさんはいつの間にかどこかへ出発していたし、サノくんの荷物もなくなっていた。ミサちゃんは昼過ぎに出ていったらしい。他に何人かいた男の子たちもいなくなっていた。ポツンと一人になった広い部屋で2段ベッドに寝転んだ。

さて、僕もそろそろこの町を出るか。

4月16日　ガヤーでコワモテと大喧嘩

バラナシは4月からがとても暑い時期らしい。雨は一度も降らなかった。その代わり、よく猿が降ってきた。出発の朝。洗濯物を取りに屋上へ上がると、屋根の上で猿たちがドッタンバッタン大騒ぎしていた。この辺りの建物は、動物の侵入を防ぐために屋上には必ずトタン屋根がついていて、その周りをぐるっとフェンスが覆っている。ボーイが、ホウキを持ってきて下からガンガンと突く。同時に、何十匹もの群れが一斉に奇声を発して、柵越しに飛び降りていった。ここ数日で見慣れてしまった光景だ。バラナシはよく猿が降る。

ガンジス川、裏路地、要注意なクレイジーラッシー、発情して追いかけてくる牛、押し売りの子ども、油ギトギトで味のぼやけたカレー、夕刻のヒンドゥー教徒の祈り、そしてサンタナの仲間たち……。バラナシで出会ったすべてにさよならを告げ、列車に乗り込んだ。

3時間ほどで次の町に着いた。どうしても訪れたかったガヤー。仏教の開祖である釈迦が悟りを開いた聖地だ。僕は無宗教だが、学生時代は熱心に手塚治虫の漫画『ブッダ』を読み耽っていた。主人公シッダルタの人生には、何回読んでも新しい発見があった。王子として生まれ、贅沢に育てられたのに家族を捨て出家し、迷いや悩みを経て、人々の悲しみの源流を辿ることに生涯を捧げた男の物語だ。しかし僕は感銘を受けつつも、あくまでも物語として捉えている節もあった。

そんな経緯で、残す時間も少ないのに途中下車してしまった。

18時を過ぎたガヤーは、すでに空が真っ暗だった。サンタナの紹介で予約してもらった今夜の宿は、駅から15キロほど離れた場所にあった。駅前でオートリキシャを捕まえる必要がある。気をつけないと、またぼったくられたり、連れ回されたりする。かといって臆病になっても、先へは進めない。慎重かつ大胆さが求められていた。

改札から出ると、オートリキシャ乗りやタクシー運転手がウジャウジャと群がってきた。最初に声をかけてきたコワモテの男に行き先を伝えて、「いくら?」と聞くと、「５００ルピーだ」と言った。「高過ぎるから乗らない」と断った。正直、５００ルピーが高いのか安いのかわからない。これは僕が経験上身につけた彼らとの交渉術だ。向こうだって、最初はふっかけてくるのだから、こちらだってかましてやる。結局、３００ルピーまで値下げすることに成功したので任せることにした。コワモテはかなり不服そうだったが、オートリキシャ乗りはたくさんいるのだから、そっちが気に食わないなら僕は他を当たればいいだけだ。

ガヤーは、栄えている繁華街と真っ暗な田んぼ道が交互に続いていた。さほどクラクションも鳴らず、渋滞も酷くないし、道の舗装も荒れていない。しかし、コワモテの運転だけが、尋常じゃなく荒々しかった。最初はこんなものかと思っていたが、どう考えてもわざととしか思えない。僕との値段交渉で競り負けたのがよっぽど悔しかったのだろう。当てつけのように前方の車に突進して、手前で急ブレーキ。さらに強引にハンドルを切っての追い抜き。まるでさらわれた恋人を追いかけるような急ぎっぷりだ。カーチェイスは30分も続いた。僕はといえば、後部座席で頭を上下左右に揺らしながら、

「オートリキシャってこんなスピード出るんだ」

と感心していた。不思議と恐怖はなかった。コワモテに弱気なところを悟られたくなかったのかもしれない。

宿に着いて金を払おうとしたら、彼は５００ルピーを請求してきた。「なんでだ？」と聞く

と「ホテルの前まで送ったじゃないか」と主張してくる。宿の場所を伝えたうえで値段交渉をしていたので、おかしな話だ。負けてたまるか。これまでの敗北の歴史が僕を強気にさせた。

「300ルピーしか払わないぞ。俺らは約束しただろう」

「いや、500ルピーだ」

そんな押し問答を続けた末に、埒《らち》が明かないので、

「宿のフロントまで来てくれ」

と僕は提案し、決戦の場を変えた。スタッフが助けてくれるだろうと期待していたのだが、よりによって受付のボーイは気の弱そうな若者で、コワモテに恐れをなして力を貸してくれなかった。頼りになるのは、己だけ。ボーイが心配そうに見つめる中、攻防戦は続いた。最終的に僕は日本語で怒鳴り散らした。

「だったら先に言えよ。なんでお前らは言ってることが変わるんだ。他のオートリキシャにだって乗れたけど、お前を信じて乗ったんだ。絶対に300ルピーしか払わないぞ！」

日本語は通じないはずなのに、なぜかコワモテは折れた。苦虫を噛み潰したような表情をした彼に、僕は300ルピーを手渡した。そこで終わりかと思われたが、僕がボーイとチェックインの手続きをする間、コワモテはなぜか帰らなかった。フロントデスクの横に突っ立

っている。相当悔しかったのか、「タバコを1本くれ」と言ってきた。当然、断った。するとカウンターに置いてある僕のパスポートをこっそり手に取って、持ち帰ろうとした。僕はさっきよりも大声を上げた。

「俺のパスポートに触るな！」

コワモテは渋々帰っていった。一部始終を見ていたボーイは申し訳なさそうに部屋の鍵を僕に渡した。

人は成長する。向こうがコワモテならこっちもコワモテになってしまえばいいだけの話だ。しかし、なぜ日本語なのに意味が通じたのだろう？　ラオスで出会ったヒロさんの言葉を思い出した。

「すべては喜怒哀楽で表現すればいいんだよ」

4月17日　せっかちな聖地巡礼

インド北部を斜めに横断する形で旅をしてきた僕は、一刻も早く南に向かわなくてはならなかった。旅の終わりは4月末。残り少なくなってきた。そういえば最近は「帰りたい」と思っていない。いや、帰りたいことに変わりはないのだが、心を掻きむしるほどの「帰りたい！」という発作のような感情が湧き起こらなくなっている。天命を諦めに近い形で受け入れたのかもしれない。

早朝6時に宿を出る。外でタバコを吹かしていると、予約していたバイク乗りのニイチャンが迎えに来た。昼12時にはガヤージャンクションから列車に乗らなくてはならないので、大急ぎで後ろにまたがった。この町は釈迦の聖地というより、シッダルタの聖地と呼んだほうが正しいのかもしれない。この地にやってきた若き日の釈迦は、迷い多きひ弱な青年シッダルタだった。その後に悟りを開き、自らをブッダと名乗り、信者が増えて釈迦牟尼になっていくのだ。漫画の中で印象的だった場所をこの目で見ることができて、文字通り聖地巡礼となった。特に悟りを開いたとされる菩提樹は、感慨深かった。

「本当に彼は実在したのか！」

僕も真似して木の下で坐禅を組んで瞑想してみた。何千年という時を超えて、彼と対話するような気持ちになったが、瞑想は3分も経たないうちに、邪念で埋め尽くされた。

「果たして列車に乗れるだろうか」

「無事に日本に帰れるだろうか」

「帰ってからうまく暮らしていけるだろうか」

悟りはまだまだ遠いようだ。

ブッダが餓死しそうになった時、スジャータという町娘に乳粥の施しを受け、命を助けてもらったとされるスジャータ村にも訪れた。飾られている石像を見る限り、スジャータはとても美しい女性だったとわかる。彼が一晩休息を取ったとされるガジュマルの木も巡った。

バイク乗りのニイチャンは愛想がよくて親切で、僕の３つ年下だった。列車の時間を気にする僕に優しく教えてくれる。

「まだ大丈夫だよ。僕がしっかり時間を見てるから安心して」

最後には日本寺にも連れていってくれた。中に入るとそっくりそのまま日本の庭園のような景色が広がっていて、近くで「ゴオーン」と大晦日のような鐘の音が聞こえた。

ガヤーは静寂に包まれていた。そよぐ風。木々、人々。すべてが穏やか。そんな中、僕だけが少ない時間に追われるように焦っていた。優秀なガイドのおかげで、午前中までにガヤーを堪能することができたし、最後はニイチャンに駅まで送ってもらった。目指すはベンガル湾。北インド横断を完遂するべく、昼12時発プリー行きの列車に余裕を持って乗り込んだ。

4月18日　ゴキブリ列車でプリーへ

18時間の寝台列車に揺られ、海沿いの町プリーを目指す。夜がやってきた。2段ベッドの上段に寝転んだ僕は、無数のゴキブリが壁を伝って登ってくる様子を眺めていた。最初は悲鳴を上げていたが、やがて指で彼らを下に突き落とすようになり、最終的に何も感じなくなった。そこらじゅうに転がっている弁当の残飯が、湿気のせいで生ゴミのような異臭を漂わせていた。ゴキブリにとっては快適な列車旅かもしれないが、僕にとってはまさしく地獄列車だった。都会育ちの僕は、幼い頃から虫が大の苦手で、カブトムシやクワガタでさえ気持ち悪くて触ることができない子どもだった。ゴキブリを指で弾く日が来るなんて考えられないことだ。まるで羊が1匹、2匹……というように天井を這うゴキブリを数えて、眠くなるのを待った。

真夜中。今度は冷房の寒さで目が覚めた。さっきまで故障していた冷房が直ったのだろうか。キンキンに冷え過ぎた身体を起こして、2段ベッドから降りた。どうしてもタバコが吸いたくなった。ダメ元でボーイの寝台を探して、寝ている彼の身体をツンツンと突いた。

「どこかでタバコを吸えないかな？」

ボーイは「しょうがないなぁ」といった顔で、起き上がって連結部分に連れていってくれた。速度を上げる列車の扉をさっと開けて、彼は周りをキョロキョロ見渡した。

「内緒だよ」

と身体をずらしてスペースを作った。僕は列車から少しだけ上半身を外に出し、彼に寄り添う形でタバコに火をつけた。ボーイはすぐさま言った。

「俺にも1本くれよ」

2人で夜空に向かって2本の煙を立てながら、無言で田舎の風景を眺めた。コソコソしている僕らは悪さをする高校生のようだった。吸い切ったタバコを外に放り投げ、お礼にタバコをもう1本彼に渡してから自分の寝台に戻った。コリドーは真っ暗で寝静まっていた。遠くで誰かがいびきを掻いている。夜行列車は過酷で飛行機の何倍も時間を要するが、こんな夜のひと時が待っていたりする。

いつの間にか寝ていた僕は、日の光で目を覚ました。乗客はいなくなっていた。みんなどこかで降りたのだろう。終着駅であるプリーのプラットホームから歩いてビーチを目指した。見渡す限り、砂浜が広がっていた。日差しは鋭く、気温は夏真っ盛り。しかし、オフシーズンの海水浴場を思い起こさせるほど閑散としていて、僕一人しかいなかった。きっと暑過ぎるのだ。
波の近くまで行って乾いた砂の上に腰を下ろした。海にぶつかったということは、インド北部を横断してきたことになる。長かったような短かったような不思議な気持ちになった。下車した分の思い出がある。水平線の彼方を眺めた。あの向こうには、駆けずり回った東南アジアがある。さらにその向こうは……。
決してここはゴールではないが、激動の旅を振り返ると、なんだか寂しくなった。だんだんと旅に静けさが漂っている。あれほど終わりを待ち望んでいたはずなのに、うっすらその気配を感じるとセンチメンタルになってしまうのは矛盾している。いつだって僕の心は、寄せては返す波のようなのだ。
久しぶりに「PEOPLE GET READY」を口ずさんでみた。
列車は西海岸から東海岸へ
僕らを乗せて走る
信じることが鍵さ
そしたら扉は開ける
さぁ乗り込もう

カーティスは相変わらず歌っていた。

鉄道に揺られてやってきた誰もいないベンガル湾。旅の始まりは、さっぱりわからなかった。一体何を信じればいいのか。鍵はどこにあるのか。そもそも扉なんてあるのか？

ようやくわかった。心を信じさえすれば、僕らはどこまでも自由なんだ。あくまで歌の中の世界だった詩が、いつしか僕の日常となっていた。初めて彼と繋がれたような気がして、僕は口ずさむどころか歌い続けた。そのメロディを潮風がそっと撫ぜていた。

4月19日　無限カレー

カレーの深淵を見た。まるでルーに浸かり続けるような生活を送っている。最初の頃はよかった。これぞ本場という味と香りに、僕は舌鼓を打っていた。「カレー」と一言で総称しても、それぞれの国と地域ごとに食べ方のスタイルが変わるところも興味深かった。それがどうだ。毎日、朝から晩まで無限にカレー。美味い不味いだのとケチをつけるつもりはない。しかし当たり前のことだが、食材すべてがカレー味なのだ。肉も魚も野菜も豆も、何を頼んでもスパイスで味つけされている。挙げ句の果てに、ラッシーさえも口の中に残ったスパイスの風味によってほんのりカレー味になる。

　チャイを飲むのが習慣の南アジア。暑さの中で飲む熱々のマサラチャイは、意外に身体がスッキリして結構クセになる。だが、ある日気づいた。チャイも結局はスパイス。もうどこにも逃げ場はないのか。

　日本料理店に行けばいい、という声が聞こえてくる。そんなの何度も試した。しかし、日本料理店こそ最大の落とし穴なのだ。トンカツを注文したのに、どう見てもトンカツではない得体の知れない食べ物が出てきた。メニューに「スキヤキ」と書かれているのに、写真は鴨南蛮。怖くて頼めない。恋愛と同じで、期待した分だけ人は傷つくのだ。慣れ親しんだ日本食では、自分の思い描いた通りじゃなかった時に裏切られたと感じる。こうして日本料理店は次第に選択肢から外れていった。

　とにかく今の僕はカレーが嫌いだ。日本でカレー好きを自称しているヤツらに八つ当たりしないとやっていられない気分だ。あれは浅瀬に過ぎない。真のカレーとは、足が

つかないほど深くて危険だ。いつ免疫のないスパイスでお腹を壊すかもわからない。僕はすでに溺れそうなのを必死に堪えながら、「俺の腹を壊せるもんなら壊してみろ！」と開き直って、どんな汚い屋台であろうとも、水と一緒に胃袋に流し込んでいる。何も寿司や天ぷらやおふくろの味を食わせろだなんて、贅沢は言わない。願いが叶うならば、カレー味じゃない食べ物を食べたい。と文句を言いながら、今日もカレーを食っている。

昨日、プリーから南部へ向かう列車を予約すると、切符が取れなかった。理由は満席。この国ではよくあることらしい。これまでもその危機に直面したが、なんとか乗り越えてきた。「外国人枠」というのがあって、ある程度の席数が観光客向けに確保されていたし、他にも「緊急チケット」といって、出発前日の午前10時からキャンセル分が販

日本に帰ったら当分カレーは見たくもない。

売された。これはたちまち売り切れてしまうほどの人気で、素人には入手が難しい。

そこで僕は、バラナシにある日本人宿サンタナのスタッフにお願いして、切符を手に入れてもらった。彼らは鉄道事情に精通していて、５００ルピーを払えば、チケット争奪戦を勝ち抜いてくれた。そのおかげでスムーズにバラナシからガヤーを経由してプリーまでやってこられたのだ。

プリーにも日本人宿サンタナがあり、そこに泊まっていたので、ボスであるフォグナという男に頼んでみた。彼は自信満々に「明日の鉄道の切符は俺に任せろ」と言ってくれた。だが、トライしてくれたものの惨敗。１週間先まで埋まっていた。外国人枠も緊急チケットも売り切れ。これればかりはサンタナのボスをもってしてもしょうがないようだ。飛行機で行くことにした。

早朝４時。車でプリーを出発し、ブバネシュアル国際空港を目指した。運転手は、フォグナの部下だ。ハイウェイで見る朝日はとても綺麗だった。旅に出てから、朝日を見ようと思って行動すると、なぜかいつも見られないことばかりだった。

「朝日よ、照らしてくれ」

と望むと、曇り空だったり建物に隠れて見えなかったりする。その分、全然見ようとしていない時に限って、こうして僕を照らしてくれることのほうが多かった。天邪鬼と言ってしまえばそれまでだが、心の内を見透かされているようだった。何気なく早起きしたり、移動中にふいに見かけたりした朝日は素晴らしかった。

国内線の小さな飛行機で2時間、南インドの玄関口とも呼ばれるチェンナイ空港に到着した。そこから地下鉄に乗って、共同宿まで向かった。実は、この町に関しては少々知識がある。なぜなら本来、この旅はチェンナイから始めるつもりだった。日本から出発して、タイに到着後、すぐに乗り継いでチェンナイに行き、北上する形でインドを巡り、ネパール、バングラデシュ、そして東南アジアを巡って、タイに戻ってこようと考えていた。チェンナイを始まりの場所に決めていたため、入念に調べていた。最終的には、日本を出発する直前に「初めからインドはハードルが高過ぎる。まずは東南アジアから慣らしたほうがいい」という有識者からのアドバイスを聞いて、逆ルートに変更したのだ。

当初のルートを選んでいたら、僕はダメになっていたはずだ。タイから少しずつレベルを上げて経験を積んだからこそ、こうしてインドの文化に適応できているわけだ。それに、もしインドから入ってなんとか乗り越えたとしても、どんどんイージーになっていくその後の東南アジアは、かなり退屈に感じられただろう。逆時計回りを選んで正解だった。何事も順序が大切で、間違えると全然違う景色が待っている。

この旅はどこかに導かれている。誰かがずっと呼んでいる声がする。いろんな場面でそう感じることがあった。勇気を持って旅に出てよかったと思う。その勇気がたとえ小さくても構わない。ちっぽけで情けなくあっても、行動に移した人間のみ、行き着く場所があるはずだと今は信じている。

4月20日　灼熱のチェンナイ

暑い。暑過ぎる。プリーから異変に気づいていたが、南に向かえば向かうほど気温上昇は酷くなっているようだ。カンボジアのシェムリアップが灼熱だと感じていたが、今ではあんなのまだマシだと言ってやりたい。なぜなら遺跡を見て回るだけの元気があるからだ。なんだか暑さの質が違うような気がする。今までの暑さは行動する上で、暑いと感じるレベルだった。南インドの暑さは、すべての行動力を根こそぎ奪っていく。日中は何一つやる気が起きない。立っているだけで汗が滝のように滴り落ち、今日の予定も一緒に流れていってしまう。重い。そうだ、インドの気候は暑いというより重いと言ったほうが正しい。太陽を僕一人で背負っているような感覚だ。

　今朝は2段ベッドの上のヤツが下で寝ている僕に向かって大きな屁をこいた。その音で目が覚めた。臭い。臭過ぎる。外の日差しを見ると、宿を出る気にはなれない。かといって、ここも避難場所には適さない。覚悟を決めて、灼熱のチェンナイに繰り出した。

　何かしなくてはと思い、ヒンドゥー教の寺院を訪れてみた。やはり暑過ぎてギブアップだった。おまけに寺院は、外であろうと門をくぐる時に靴と靴下を脱がなくてはならない掟があった。神様の住まいに土足で上がるのは失礼に値するのだろう。熱せられた石畳を素足で歩くのは、まさしく地獄のようだった。本当は閻魔様の住まいなのではないだろうか？

　太陽に押し潰された僕は、日が昇っているうちから今晩の宿を目指してオートリキシャに乗り込んだ。今夜は久しぶりの一人部屋だった。空港近くのその宿はショッピングモールに併設されており、比較的新しくて近代的だった。期待に胸を膨らませ、案内された部屋のドアを開けると、室内は冷房でキンキンに冷えていた。僕は感動のあまり、荷物を投げ出してベッドに寝っ転がった。そしてあまりの気持ちよさに爆睡してしまった。

　気づいたら夕方になっていた。一体、インドに来てまで何をしているんだろうと、少し悲しくなった。というより、何もしなくていいんだろうか、と落ち込んだ。散々昼寝をしたのに、大きなあくびが出た。やる気と体力は、依然として太陽から返してもらってないようだ。

振り返れば、最近はエアコンもないような古風な宿ばかりに泊まっていた。久しぶりの真っ白なベッドとキンキンのクーラー。今日ぐらいは文明にとことん甘えてもいいじゃないか。大きなショッピングモールのフードコートで、熱々のピザをコーラで流し込んだ。インドで食べたどのカレーよりも美味しかった。今夜は、一人部屋で全裸になってクーラーを浴びながら寝るとしよう。明日は朝早くに空港へ行かなくてはならない。思い立って、未知の国を目指すことになったからだ。

第9章　スリランカ

April 21-27, 2024

Sri Lanka

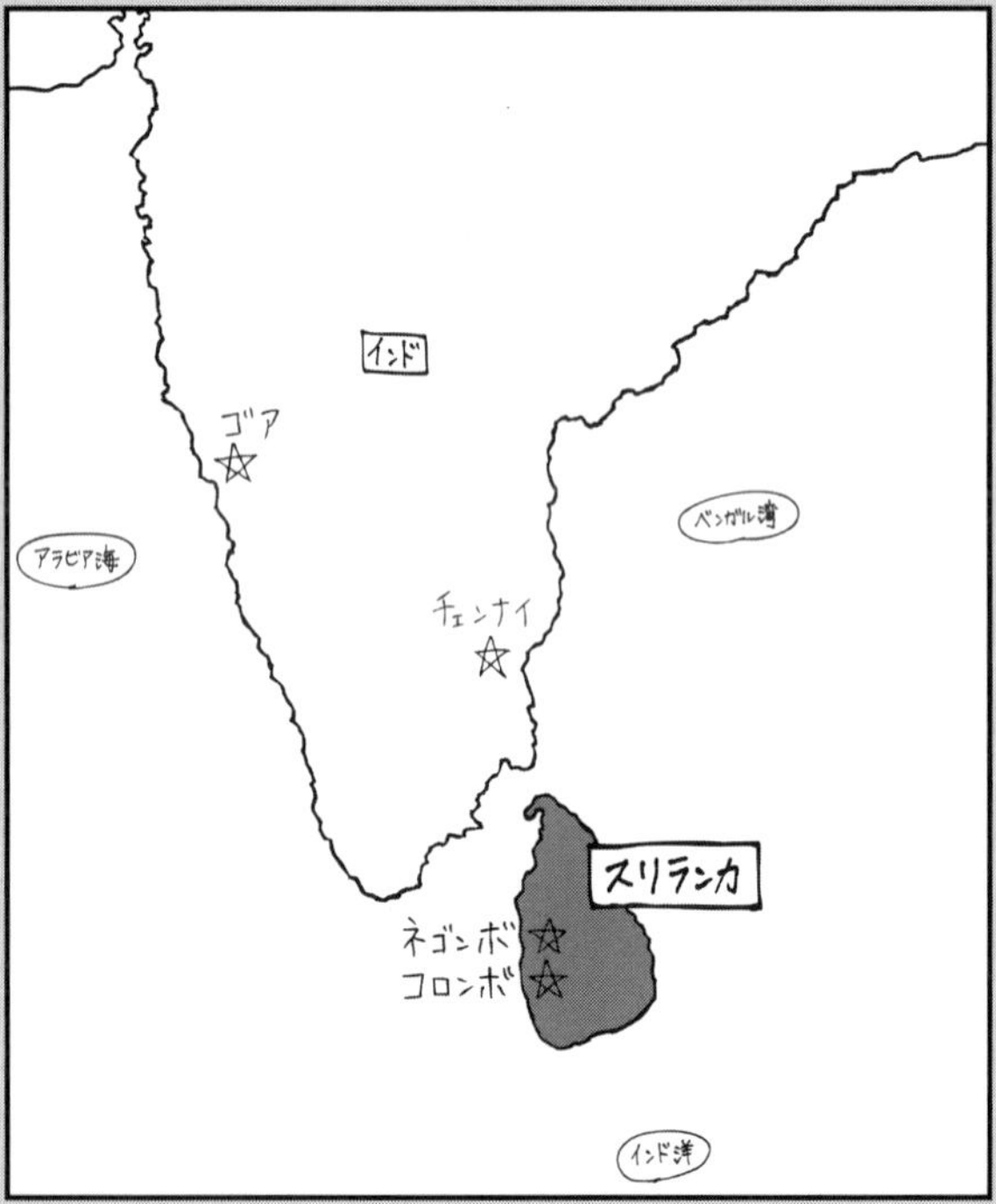

インド
ゴア
アラビア海
ベンガル湾
チェンナイ
スリランカ
ネゴンボ
コロンボ
インド洋

4月21日　ネゴンボで生命科学

空港を出ると、この旅で最も鮮烈な太陽が降り注いだ。あまりの暑さと眩しさに目を細めながら空を見上げた。そこには金色のライオンが輝く国旗がはためいていた。ここは……。８カ国目のインドが最後の国になるはずだったのに、なぜ僕は得体の知れないこの地へ足を踏み入れたのだろう。そう、ここはインド洋の真珠スリランカ。９カ国目だ。

チェンナイに滞在していた僕は迷っていた。

「右に行くか、左に行くか」

旅の根源的なテーマだ。王道を行くなら、「バックパッカーの終着地」と呼ばれるゴアを目指して南インドを陸路で横断。もしくは、海を越えて未知なる隣の島国を目指すか。この決断一つで、旅の結末が大きく変わってしまう気がしていた。残すところ10日間。これまでのように早足で鉄道を乗り継げば、ゴアまで行けるだろう。

そもそもなぜ、９カ国目が候補として挙がったのか。話はバラナシに遡る。日本人宿サンタナで仲良くなったタクヤさんとは、運命的なまでに真逆のルートでバラナシ入りしていた。お互いこれまで歩んできた道のりや町について、ああでもないこうでもないと愚痴を交えながら話した。その中でも印象的だった町を紹介し合うことにした。僕はインド北部のレーを挙げた。そして彼からお薦めされたのが、スリランカだった。

ネゴンボは、旧首都コロンボから少し北上したところにある町だ。「アーユルヴェーダ」という5000年以上続く伝統医療を受けることができて、食文化はヴィーガンに根差しているという。健康的な生活習慣を通して、新しい自分と出会えるとのことだった。この時すでに僕の心は鷲摑みにされていたのかもしれない。

アーユルヴェーダはインド、スリランカ発祥の健康医療だ。アグラでリキシャ乗りのアキールに、お店へ連れていかれたことがある。そこは看板もなく怪しげな雰囲気で、何の説明もされず寝かされて、油を身体中にぶっかけられた。そしてもちろん、法外な値段でぼったくられた。不快な体験だった。

しかしタクヤさんの話によると、スリランカの村ではアーユルヴェーダの専門医がいるとのこと。脈診だけで身体の悪いところを見抜くらしい。アーユルは「生命」、ヴェーダは「科学」。つまり、生命科学の医者がいるのだ。何事もピンからキリまである。月とスッポンだ。アグラでのマイナスなイメージを払拭するためにも、体験するべきだ。

ヴィーガンに対しては、まったく知識も興味もなかった。「完全菜食主義者」と呼ばれる彼らが何を食べて何を食べないのか。ベジタリアンとは何が違うのか。なんで食事に主義という言葉が入ってくるのか。さっぱりだった。帰国したら焼肉を食べることを心待ちにしている僕なんかは真逆の志向だろう。旅は心のコンパスが真逆を示す。知らないからこそ、自分とは正反対だからこそ、興味が湧いてきた。

チェンナイまでの道中は忙し過ぎて考える暇もなかったが、いよいよ決断の時が迫られた。南インド横断も捨てがたい。ゴアはパーティーの町だと聞いた。音楽と酒とドンチャン騒ぎで有名らしい。一方で、今の僕ならば容易に横断できてしまう気もしている。最後にふさわしいのだろうか。そんな葛藤で揺れていると、バラナシで別れて初めて、タクヤさんから便りが届いた。

「お薦めされたレーの町に来ました。高山病で苦しんでいます」

嬉しさと申し訳なさが半々で複雑だったが、その一文を目にして決断した。スリランカに行こう。予定通りが旅じゃない。目標達成が旅じゃない。できそうなことだけやっても、満足するわけがない。仲間が高山病で苦しんでいるのに、パーティーなんかやってられない。

心が未知を求めている。アーユルヴェーダはやはり不快かもしれない。ヴィーガンの食事が全然美味しくないかもしれない。スリランカが最後の国にしては退屈かもしれない。それでもいい。

こうして僕は、音楽と酒とドンチャン騒ぎを諦め、伝統医療アーユルヴェーダの村を目指すことにしたのだ。

4月22日　いざ廃墟島へ

スリランカの最大都市コロンボは都会的ではあるものの、道路やビルの隙間にもジャングルの気配があった。生い茂る緑は堂々たるものだ。

「俺たちは、街の景観のために植えられたワケじゃない！」

という青々しさを誇っている。これまでのアジア諸国は人間が作り上げた人間が暮らす場所に、動植物が適応して共存していた。ここでは、動植物が暮らす場所に人間が適応して都市を作ったという感じなのだ。

さらに、どの国でも犬や牛だらけだったのに対し、スリランカは鳥に占拠されていた。多種多様な翼、くちばし、鳴き声。誰もが主役顔でその羽を輝かせていた。そういえば、今回の旅で初めての島国であることに気づいた。それが島の楽園たる理由かと考察してみたが、同じ島国出身としてはどうもピンとこなかった。

人間はかなりおっとりしている。街を歩けば相変わらず声をかけてくる人がいて、いつものようなしつこいタクシーの勧誘かと思ったがそうでもなかった。「よう兄弟」と声をかけて、万が一乗ってくれたらラッキーというぐらいなのだ。中にはなんにも用がなくて、ただ暇だから声をかけてきただけの男もいた。時間を持て余していたので、有名な時計台を見に行こうと駅で列車を散々待ったが、来なかった。駅員のオジイサンに質問しても、ゆっくりとした口調で聞き取れない英語を喋った。

「まぁいいか。時計台は諦めるか」

僕にもスリランカの緩やかな空気が伝染してしまったのかもしれない。

特にやることもなくなったが、タクシーに乗ることにした。しかし2回も乗車拒否された。これまでの国では強引に乗せられそうになることはあっても断られることはほとんどなかった。手を挙げても彼らは反応せず、働く気がないのか、首を横に振った。ようやく捕まったタクシードライバーは、打って変わって商売上手。あらゆる観光名所の素晴らしさを説いてきた。どうやら僕を遠くへ連れていきたいらしい。そうそう、旅はこうでなくては。こちらがその誘いを断ると、彼はすんなり僕の気持ちを尊重した。いつものように押し問答するつもりだった僕は、拍子抜けしてしまったほどだ。観光名所の宣伝をピタリとやめて、名刺を後部座席に座る僕へスマートに手渡して、「気が変わったら連絡してくれ、兄弟」と言った。

海沿いの道で降りてから、歩いてビーチまで行った。浜辺には、家族連れが数組と海鳥がたくさんいた。流木に腰をかけて眺めていると、船乗りがアルバムを広げ、写真を見せてきた。

「オマエ、暇ならボートでこんな景色を見に行かないか？」

写真には、真っ青で綺麗な海や軍艦島のような廃墟島が映っていた。平穏過ぎて、暇を持て余していた僕は迷わず乗ることにした。小さなボートだったが、ジェットエンジンが搭載されていた。

僕と船乗りを乗せたボートを数人の男が砂浜から海に送り出す。最初の波を越えて、船乗りはエンジンをつけた。そこから命知らずの航海が始まった。風が強く海は荒れ模様だったのに、ガンガンと突っ込むように進む。大きな波を越えるたび、ボートはとんでもない高さまで跳ね上がり、空中から海面に叩きつけられる。シートベルトも手すりもなく、僕の身体も投げ飛ばされそうだ。下半身がヒュッと疼《うず》く。海に落下したら終わりだ。椅子の縁にしがみついて踏ん張った。命の危険に晒されて、船酔いどころではなかった。

浜から20分の沖合で、船乗りはエンジンを止めた。そこには、小さな大砲のような残骸が海面から少しだけ頭を出していた。写真で見た廃墟島はどこに行ってしまったのか。まさかこんな小さいはずがない。残骸を数分間見届けて、浜に向かって折り返した。数カ所巡ると思っていたボートツアーは大急ぎで陸へ帰っていく。途中、船乗りが「大きな魚がいるぞ！」と何度も指差して教えてくれるのだが、いくら目を凝らしても魚影さえ見えなかった。

小魚1匹見ることなく、浜に着いて5

正体は最後までわからず。

000スリランカルピーを払って終わった。支払った金額分の感動はなかった。これはぼったくりだろうか。しかし、あまり怒る気持ちになれなかった。生きて帰ってこられたんだから、よしとしよう。スリランカの緩やかな空気が本当に伝染してしまったらしい。

4月23日　尻の穴

長い移動の果てにバックパッカーともはぐれ、スリランカでは俗世から切り離された施設での暮らしが僕を待っていた。

早朝5時に起床して6時から瞑想とヨガを1時間。朝昼晩3食すべて野菜と雑穀とフルーツのみを食べさせられ、昼過ぎになると大男に足の先から髪の毛の先まで油を塗りたくられ、最後には下剤のような何かをチューブで尻の穴にぶち込まれる。気温は40度近いのに、エアコンもなければ扇風機もない。コーラもなければ冷たい水さえもない。あれほど忌々《いまいま》しかったジャンクなカレーも、今となってはご馳走だ。

手元にあるのは、「落ち着きのなさによる慢性ストレス」と書かれた医師からの診断書と処方された薬。薬はマーブルチョコそっくりな青色の錠剤と、正露丸そっくりな泥団子の粒だ。アーユルヴェーダやヴィーガンの好転反応なのか、身体は鉛のように重い。午後は、暇だ。暇過ぎる。気怠くて何もやる気が起きない。ようやく夜がやってくると、壁をうろつく無数のトカゲを見上げ、屋根の上で騒ぐ獣の気配に怯えながら、汗だくで朝を待つ。そしてまた早朝5時がやってくる。

これまでの日々は激動の中で自己と対峙してきた。次から次へと変わりゆく景色に、必死に食らいつくように向き合い、時に身体を酷使してきた。そこに新しい自分を発見したり、変わらない自分を受け入れたりしてきた。反対に、同じ場所に留まって静かに自己と対峙する時間などほとんどなかった。苦手なことに挑戦するという目標を掲げて旅をしてきたものの、落ち着きのなさとせっかちという致命的な欠点をほったらかしにしていたことに気づく。

最後にアジアが僕に用意してくれたこの課題こそが、実は一番の難関だった。身体はどこにも行けず、心の中だけで旅をするのは、長時間のバス移動よりも苦しい。20代半ばから、極度のストレスを感じると発症するレストレスレッグス症候群。むずむず脚症候群とも呼ぶ睡眠障害が復活してしまい、夜通しベッドで手足をジタバタさせている。

慎ましく生活を送ることが、こんなにもストレスになるのか。豊かで美しい自然に囲まれていると文句のつけようがなく、愚痴の対象が自分に集まる。「リキシャ乗りに騙された」「発情した牛に追いかけられた」「いらないネックレスを買わされた」などと言っていられない。自分と向き合えば向き合うほど、己の醜さばかりが際立つ。あり余る時間。他で誤魔化しの利かない剝き出しの自分だ。本当の僕とは？　一人ぼっちで考える、これまでの人生。浮かび上がるのは、人を喜ばせた記憶よりもがっかりさせた記憶ばかり。アーユルヴェーダの医者は言っていた。

「ここでの生活は、最初の数日は気分が著しく沈む傾向にあります」

自分と2人きりの生活もあと少しで解放されるんだ。時に発狂しそうになりながら、旅の終わりをじっと待ち望んでいる。この旅は、動と静の両面が揃って初めて完成するのだ。

4月24日　マダムからモテモテ

この施設には、各国の素敵なマダムが多く滞在していた。アーユルヴェーダやヴィーガンの効果だろうか。決して年齢は若くないはずなのに、艶っぽい見た目をしていた。そんな彼女たちに混ざって早朝からヨガをやっていると、目のやり場に困った。ワイルドな男になりたくて日本を飛び出したのに、彼女たちのようにお肌ツルツルになってしまったらどうしよう。本当に旅に行ったのかと疑われてしまうかもしれない。

マダムたちは美しく優しかった。夜は白髪がおしゃれなスイス人のマダムと食事を共にした。食堂のテーブルに一人腰かけ、料理が運ばれてくるのを待っていると声をかけられた。

「ここ座っていいかしら？」

彼女は、ヴィーガンの食事が盛られた皿に二口ほど手をつけてから、残りを全部僕の皿に移してきた。

「若いのに足りないでしょう。食べなさい」

母のような目をして言った。ずっと物足りなさを腹に抱えていた僕は彼女の分も残さず食べた。おかげで空腹も孤独も軽減されたが、ここは５０００年も続く伝統医療に基づいた料理。ちゃんと患者ごとに管理されたメニューが提供されている。一人ずつ出てくる食材も量も違うのだ。お裾分けを食べてしまって果たして意味があるのだろうか。食後のハーブティーを飲みながら彼女は言った。

「スイスに来たら、私の家に泊まりなさい」

僕は気に入られたようだ。

僕以外にも一人だけ日本人のマダムが滞在しており、彼女は10年以上アーユルヴェーダを学んでいるらしく、あらゆる知識を教えてくれた。肉が食べたい、コーラが飲みたいと愚痴をこぼす僕に小声で囁いた。

「醤油煎餅を持ってきたからあげる」

僕は年上の女性から人気がある。醤油の風味なんてもう長いこと味わっていないので、聞いただけで口内に唾液が広がった。

施設のスタッフにバレるとよくないからと言って、テーブルの下でこっそりと渡してきた。こちらもつられて周りをキョロキョロ見渡しながら煎餅を受け取り、ポーチに急いで隠した。たかが醤油煎餅2枚。大袈裟と思われるかもしれないが、伝統医療の前では闇取引さながらのやり取りになる。この日から2枚の醤油煎餅を半分に割って、部屋でこっそり食べるのが一日の楽しみになった。

もう一つの楽しみはタバコだ。どう考えてもアーユルヴェーダに適さない嗜好品だが、どうしてもやめられない。それにスリランカのタバコは日本の3倍の値段で売られている。日本ではそんなに吸わない人間だった。仕事と飲み会の時だけしか吸わなかったが、旅ですっかりヘビースモーカーになってしまった。常に緊張状態だったからだろうか。帰ったら禁煙しなきゃ。

施設には喫煙スペースなどなく、スタッフに吸える場所を聞くと嫌な顔をされながら灰皿を渡され、玄関の外に追いやられた。少々面倒臭かったが、伝統に逆らっているのはこちらなので追いやられても仕方がない。ことあるごとに灰皿を持って施設の外に出た。煙をスリランカの空にプカプカと吐き出しながら、またしてもこんなことをして意味があるのだろうか、と思った。考えてもしょうがない。ややこしいことは全部日本に帰ってからにしよう。

マダムからモテモテのおかげでヴィーガンの食事を食べ過ぎてしまったり、夜な夜な醤油煎餅をこっそり齧ったり、やめたいのにスリランカの高いタバコを吸ってしまったり。今の僕にとってはこれが生きる糧だ。

4月25日　健康的で不健康な生活

相変わらず健康的な毎日を送っている。しかし、アーユルヴェーダの施術は僕には合わなかった。大男のゴツゴツした手で、股下の際にまでオイルを塗られるのはハッキリ言って不快だ。時折、乳首の周りをソフトになぞるのだけは本当にやめてほしい。綺麗な女性だったら話は別だが、大男のくすぐりに耐えるのはもはや苦行だ。大男は手先が器用で鼻息が荒い。僕は全裸で声を押し殺す。今日は、乳粥もオイルの上から丹念に塗り込まれたので痒くて臭い。施術が終わると、蒸し風呂で一汗掻いたらようやく解放される。

　あまりにも時間が余っているので、必然的に自分との対話も増える。帰ったら何をするのか。音楽は続けるのか。

ヨガにも飽きた。

ガソリン切れは補充できたのか。他にやりたいことは見つかったのか。この2カ月で変化はあったのか。容赦ない質問を投げかける自分と、上手く答えられない自分。両者に挟まれて苦しくなる。

「頼むから今は黙っててくれないか？　答え合わせは全部日本に帰ってからだ！」

人生とじっくり向き合うことから逃げてきた僕が、自身のことを理解できなくなったのは当然の結果かもしれない。どうせ日本に帰国してしまえば、旅を振り返ることなんてしない人間性だ。せめてあと数日は歯を食いしばって、物思いにふけるよう努めてみよう。

バックパッカー旅をしていた日々が恋しい。暑さを言い訳に好きなだけコーラを飲んだり、味に文句をつけながら現地の飯を食ったり残したり、夜には共同宿のテラスでビールを呷ったり。クーラーが効き過ぎている部屋で凍えながらブランケットにくるまって眠る夜も懐かしい。好きな時間に起床して、好きな時間に

蒸し風呂の後、2時間はシャワーを浴びてはならない。
身体がギトギトでベッドにも横たわれず、日陰でボーッとする。

出発する。あれほど愚痴を吐いていたが、今と比べれば全然マシだった。健康的な生活は僕にとって不健康なのかもしれない。

4月26日　ままならない人生

永遠かと思われた施設での暮らしも明日で終わり。止まない雨はないのだ。人生にも終わりが来るように。せっかくなので、残された時間を使って旅を振り返ってみよう。

タイから始まって、カンボジア、ベトナム、ラオス、中国にも寄った。そこからバングラデシュ、ネパール、インド、スリランカ。思い出そうとすると、幻のように靄がかかる。なんだか他人事のようだ。まるでロードムービーを観ているような感覚と言ったらカッコつけ過ぎで、現実は映画のようにスマートにはいかなかった。汗と泥と下水の臭いや、疲労とぼったくりの記憶ばかりが蘇る。

実際に行くのと聞くのでは大違いということを学んだ。日本で掻き集めた事前情報はもちろん助けになることもあったが、大半は通用しなかった。人気の観光名所は訪れてみたら退屈だったり、治安が悪いと聞いていた国で優しさに触れたり。絶景はいざ眺めると大したことなく、汚い街に美しさを見たこともあった。そして、貧しさの中に豊かさがあった。一郎さんが言っていた通りだ。この世界は僕の知らないことで溢れている。

恐ろしいのは後悔すること。誰もが避けたいはずなのに、なぜこの世は後悔にまみれているのだろう？　夢を追いかければよかった。あの人に想いを伝えればよかった。あの時、ああしていれば。僕は後悔だらけの人生だった。

日本のような先進国では、選択肢が多いからそうなってしまうのではないか。メニューの多い定食屋は楽しいし、気分に合った食べ物を選べるから便利だ。その分、「唐揚げ定食にすればよかった」「あっちのテーブルの料理のほうが美味そう」などとモヤモヤすることになる。

異国では、思い通りに食事をすることさえ困難だ。ガッパオを注文したのに、野菜炒めが運ばれてきた。具が盛りだくさんのチャーハンを頼んだら具なしだった。スモールサイズのチキンカレーを食べたかったのに、ビッグサイズのフィッシュカレーを食うハメになった。後から「ああすればよかった」と悔やんでいたらキリがなく、受け入れて味わうしか道はなかった。

旅でさまざまなトラブルや失敗に見舞われたが、不思議と後悔はない。きっと重要なのは向き合い方なのだろう。

これまで、この世は「ままならない」ものだと決めつけて生きてきた。自分に対しても、周りに対してもだ。一見それなりに幸せな人生でも、何かを犠牲にしたり我慢したりした上で成り立っているように見えていた。ミュージシャンになりたかったのに会社員になった人。本当は好きな人がいたのに別の相手と結婚してしまった人。東京に出たいのに地元で暮らす人。側《はた》から見たら幸せそうな人生でも、すべてが完璧な人間に出会ったことがなかった。誰もが大小さまざまな悩みを抱えていた。それが悲しいことだと思っていた。僕は自分自身のことを満たされない不器用な男だと決めつけていたし、なんとかして「ままならない」を克服したかった。

でも今は、そう思わない。ままならないことだらけの旅を通して、ままならないのが人生であり、それを楽しむことにこそ生きる喜びがあると知った。悩みは尽きない。失敗を繰り返す。それでも僕たちは、人生の喜怒哀楽を自分で決めていい。どんな絵になるかは、どう描くか次第なのだ。悲しい気持ちで描けば悲しい絵になる。明るい気持ちで描けば明るい絵になる。

僕は、ままならないなら、ままならない絵を力強く描いてみたいと思った。僕は僕以外の何者にもなれないし、なる必要がない。正解はどこにもない。僕の心が思ったこと自体が正解なのだ。たとえ、それが「ままならない」未来に繋がっていようとも。

4月27日　タンドリーチキン、ビリヤニ、パフェ

実は昨日、施設を抜け出して近くの高級ホテルに宿泊客のフリをして忍び込み、バーカウンターでビールを買った。瓶を片手にビーチに向かった。スリランカの夕日は水平線に近づくにつれ、どんどん大きくなった。健康生活で手に入れた新鮮な胃袋に、こっそりビールを流し込む。身がよじれるほど沁みた。浜辺に人は少なくて、風も気持ちよかった。施設の人間に見つかったら怒られるだろう。しかし、「明日で晴れて自由の身だ。どうなってもいいや」と開き直り、時間をかけて夕日とビールを浴びた。

そして今日、施設を出発。さすがに肉が食いたい。中心地を目指した。トゥクトゥクで１時間。久しぶりの俗世が僕を待っていた。なんだって飲み食いしていい。好きな物を好きなだけ食べてやる。フライトは23時。21時までにバンダラナイケ国際空港に着けばいい。我慢

のスリランカだっただけに、今日は存分に楽しもう。目星をつけていたスリランカ料理店で下車した。入店しようとすると、守衛が言った。

「昼はもう店じまいだから、ディナーの時間に来てくれ」

お腹は待ちきれないといった感じで鳴りっぱなしだったので、僕はすんなり店を諦めて、近くのモールに入った。こうなりゃなんでもいい。狙うはモールの地下1階、フードコートだ。まず、1週間ぶりの空調が効いた涼しい店内に感動した。これこれ！　と色めき立つ。

地下に降りると、多くの飲食店が並んでいた。真っ先に目についたスリランカカレーの店で、メニューを隈なく舐めるように見て、チキンビリヤニとLサイズのコーラを注文した。目の前で、巨大なチキンレッグと大盛りのビリヤニ、カレーのルーに半熟卵とピクルスが盛られた。目の前重たい皿を受け取ると、急いで近くのテーブルを陣取った。同時に貪《むさぼ》りつく。ヴィーガン生活で飢え切っていた僕は、肉食恐竜のように理性を失った。右手でチキンレッグを摑み上げ齧りつく。すぐさま左手のスプーンで、ビリヤニを口に押し込む。行儀なんて気にしていられない。

両手を駆使して山盛りだったプレートをすべて平らげると、続けざまに隣のスウィーツ屋のカウンターでパフェを注文した。口の周りが、チョコレートとアイスクリームまみれになった。幸せだ……。行きたかったレストランのことなどすっかり忘れるほど、フードコートで欲望のすべてを満たした。
夜中のフライト時刻が近づくまで、モール内のカフェで爆睡した。スリランカでは、健康的な暮らしの中で自己を見つめ直した。険しくて寂しい日々だった。その結果、腹回りの贅肉が落ちて肌は潤いを取り戻した。そして、心も軽くなっていた。

全身にカロリーが行き渡っていく。

第10章 タイ

April 28.29, 2024
Thailand

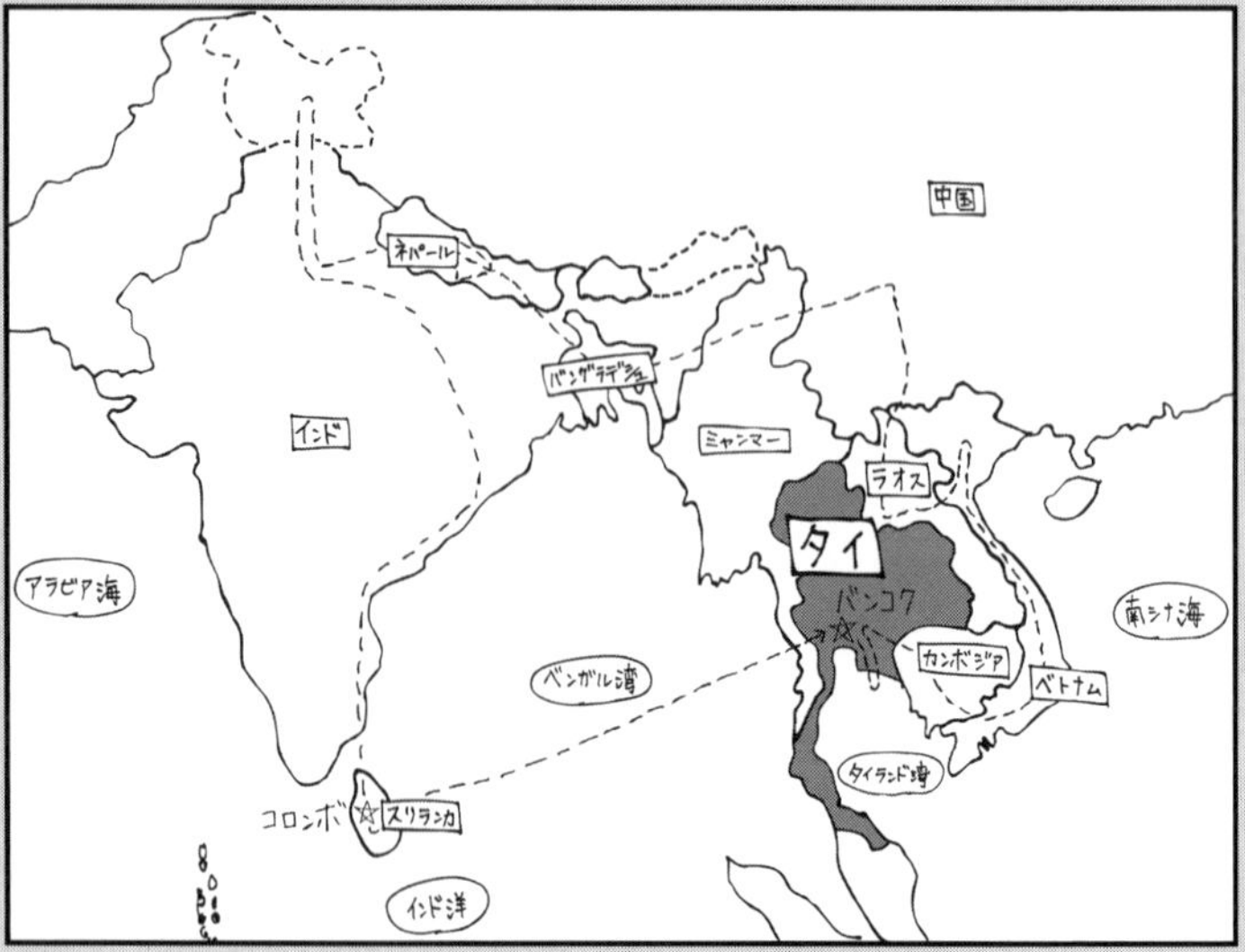
中国
ネパール
バングラデシュ
インド
ミャンマー
ラオス
タイ
バンコク
カンボジア
ベトナム
南シナ海
アラビア海
ベンガル湾
タイランド湾
コロンボ
スリランカ
インド洋

4月28日　バンコクに勇者の凱旋

タイのスワンナプーム国際空港へと着陸した飛行機は、僕ら乗客をスムーズに外へと吐き出した。深夜便だったのにもかかわらず、一睡もできなかった。最後尾の席だったためリクライニングは2ミリほどしか傾かず、前の座席は顔に迫る勢いで倒れてきて、寝るには窮屈だった。僕の席を赤い袈裟で身を包んだ僧の団体が取り囲んでいたのも、不眠の理由かもしれない。離陸と同時に、彼らは全員でいびきのオーケストラを奏で始めた。疲れた表情一つ見せない彼らが熟睡できて、疲れ切った僕が一睡もできないなんて、なんとも皮肉な話だ。真っ暗な機内で、静かに到着を待った。

早朝4時。僕は旅の始まりの国、1カ国目タイへと戻ってきた。3月1日に足を踏み入れてから約2カ月が経過しようとしていた。この地からカンボジアに向けて東に移動して、今日ベンガル湾を越えて西から帰ってきた。つまり、東南アジアから南アジアをぐるっと反時計回りしたことになる。ベッドで横になりたいという欲求が吹き飛ぶほどの興奮が込み上げた。

空港を出るや否や、まだ夜の帷《とばり》が下りたままのバンコクをタクシーで走り抜け、24時間営業のカフェへと入店した。店内には徹夜で勉強する学生やイチャつくカップルがいた。僕は若者の勉強と恋路の邪魔をしないように、隅っこのソファテーブルを陣取って、大きなリュックサックをどさっと置いた。

ガラス張りの店内に朝日が差し込むのを待ちながら、これまでの移動距離を算出してみた。立ち寄った町や首都、迂回した経路なども含めてそろばんを弾くと、なんと総移動距離は1万5000キロを超えていた。地球の直径を調べると1万2000キロだった。つまり、2カ月で僕は地球の直径以上を旅してきたことになる。ボールペンを右手からパタッとテーブルに落としてしまった。自分自身の成し遂げたことに驚いたのではない。地球が思ったよりも小さかったことに衝撃を受けた。旅を通して僕が大きくなったのではない。旅を通して地球が小さくなったのだ。

見上げると、朝日が昇ってきた。店内が明るくなっていく。まるで、勇者の凱旋を祝福するかのような光だった。どんな言葉で表しても物足りないほどの感動を味わいながら、光を浴びた。なんて美しい朝なのだ。すると、隣で勉強していた学生が目を擦って友達にボヤいた。

「ああ、もう朝か、最悪」

不機嫌にノートを片づけ始めた。そうか、この美しい光も誰かにとっては違う眩しさなのだ。かつて、僕は自分の音楽がより多くの人に共感されることだけを望み、それに躍起になっていた頃がある。共感の数がすべての価値基準となっていた。その頃の自分が微笑ましくも切なく、なんだか笑えてきた。

他者との共感だけがすべての価値を決めるのではない。僕たちはそれぞれの世界をそれぞれに生きている。他者とは決して共有できない感動もある。そんなことを考えているうちに、穏やかな眠気に包まれ、ゆっくり目を閉じた。それはおそらく気絶に近かった。紛れもなく、この世界で一番穏やかな気絶だ。

目が覚めると学生やカップルの姿はなく、店内はランチを楽しむ客層に様変わりしていた。僕は4時間ほど眠っていたようだ。何はともあれ、始まりの地に戻ってきたのだ。この日を何度夢見たことか！　だが今は夢ではない。現実に旅が終わろうとしているのだ。

ここが始まりであり終わりの地。一周回ってきた僕は一味も二味も違う。真っ白だったシューズは、ボロボロで穴が空いている。髭はボウボウだし、腕や首や指には各国でぼったくりに買わされたアクセサリーがぶら下がっている。もし、2カ月前の自分と出くわしても、あまりの変貌ぶりにお互いが気づかずすれ違うだろう。それほど別人となった姿。トイレの洗面台で顔を洗って歯を磨いた。目の下はクマがくっきり浮かび上がり、肌は浅黒く焼けていた。酷い顔つきだったが、そんな自分がかっこいいと思った。自分との睨めっこに負けてクスッと笑い、トイレを出た。

さぁ、今日も旅を続けよう。今日は2カ月前にバンコクで写真を撮ってくれた藤原さんに再会する日だった。僕の成長を写真に撮ってくれるらしい。あの日と同じ服、同じ駅で待ち合わせをした。

ワットマンコンに着くと、藤原さんが立っていた。僕を見つけて笑顔で出迎えた。

「よく無事に帰ってきましたね。立派な旅人になられて」

自分のことのように喜んでくれる彼女の表情を見て、僕はとても誇らしくなった。あの日と同じ場所で同じポーズで写真を撮った。出会いと別れを繰り返す2カ月間。誰かと再会することは一度もなかった。藤原さんとまた会うことができて、初めて他者の視点で自分の変

立派なバックパッカーシューズ。

化を実感した。あの日は、本当に苦しかった。見るものすべてが怖くて、絶望的だった。今日は、苦しくない。呼吸もできる。写真の仕上がりが楽しみでならない。

旅はまだほんの少しだけ残っている。明日はどうしても最後に行きたい場所があった。というよりも、行かなくてはならないと言ったほうが正しい。

4月29日　再びカオサン通り

最後にどうしても行きたい場所。行かなくてはならない場所。それは「バックパッカーの聖地」カオサン通り。3月1日、タイにやってきた僕が真っ先に訪れた場所だ。初日の夜に泊まった共同宿もこの通りからほど近い。最後の宿はそこに決まりだ。初めて訪れた時は「こんなところ、二度と来るか」と捨て台詞《ぜりふ》を吐いていたのに、気づけばこの地こそがゴールテープのような存在になっていた。

夕暮れ、カオサン通りの入り口に再びやってきた。懐かしささえ覚える。煌びやかなイルミネーションに照らされたカオサンは、いくつかのストリートや裏路地に枝分かれしながら区画されており、レストラン、屋台、土産物屋がひしめき合うように連なっていた。ウブな僕をビビらせる葉っぱのマークに「CANNABIS」と書かれた緑の看板。温室育ちの僕は「ここに来てはいけなかったのか？」とかつては怖気づいたものだが、今日は気にも留めず通り過ぎた。

商人の押し売りに「NO！」と言って回り、腹を満たすために、あるレストランへ入ってテラス席に腰かけた。あの日、料理も食べずに逃げ出してしまった店だ。コーラとカオマンガイを注文した。失態を詫びるように、しっかり完食した。店員にお金を渡して、お釣りはすべてチップ箱に入れた。

近くで男たちが煙を吐き出している。気分が悪くなったり恐怖を抱いたりすることもなかった。胸に迫ってきたのは、旅が終わってしまう寂しさだ。

歩いて今夜の宿を目指した。気取るつもりもなかったが、口笛を吹いていた。メロディは、「PEOPLE GET READY」。我に返って恥ずかしくなったが、やめなかった。この街は誰もそんなことを気にしない。髭を生やした男の子がドレスを着てカフェで働いていても、女の子が道端で踊り狂っていても、好奇の目で見たりしない。それを知っている僕は、口笛ごときで人の目を気にするなんて、昔の自分のすることだと思った。

さらにボリュームを上げて口笛を吹き続けた。もう詩の意味を確かめながら歌う必要はない。この歌を口ずさむことがどれだけ僕を支えてくれたことだろう。カーティス・メイフィールドが教えてくれたのだ。自由とはどこまでも素晴らしいものだ、と。そして僕は気づいた。自由とは孤独であるということにも……。いつかこの寂しさを彼のように優しさへと変えて誰かの元に届けたい。旅の御守りになってくれてありがとう。

地図も見ずに10分ほどで宿に着いた。玄関では、若いバックパッカーの男の子がガチャガチャとドアをこじ開けようとしていた。僕は知っている。ここの玄関の開け方はややこしいのだ。さっと彼の前に入り込み、開け方を教えてあげた。彼はほっとしたように、「ありがとう」と言った。笑顔は一瞬にしてなくなり、彼はまた少し緊張したような顔つきに戻った。まるで初日の僕を見ているようだ。今思えば、よくあれほど知識も経験も持たずに飛び込んだものだ。今の自分が成長したなと感じるより、初日の自分の頼りなさに驚いてしまう。さぞ怖かったに違いない、と他人事のように慰めた。

宿に入ると、あの日と同じ受付の女の子だった。彼女は、僕のことなんてちっとも覚えていない様子だったが、僕は嬉しくなってこの2カ月の物語を語りたくなった。当然そんなことはしないが、いつも以上に元気よく話しかけた。パスポートを入念にチェックする様子から、やっぱり僕のことなんてちっとも覚えていなかった。それもそのはず。ここには一体何人のバックパッカーが出たり入ったりするのだろう。数え切れないほどだ。どこからかやってきて、どこかへと去っていく。その刹那は、人類が持つ「放浪」という美しい衝動から生まれている。なんて、今さら旅人気分に酔いしれた。

あの日と同じように丁寧に宿を案内してもらった。

「全部知っているよ」

と教えたくなるのを堪え、素直に従った。2段ベッドの下で寝転んだ。宿泊客は少なく、部屋はガラガラだった。みんな旅を終えて国に帰ってしまったのだろうか。見渡してみると、とても綺麗な宿だった。2カ月前は、不揃いに脱ぎ捨てられた靴も、廊下に剝き出しのシャワールームもトイレも、何もかもが不潔に見えて受け入れられなかった。人は変わるのだろうか。少なくとも今の僕は自分を潔癖症とは思わない。

低い天井を見上げながら、わかった。旅の間、僕をずっと呼び続けていた声は、ここにいる、達成感に満ちた僕自身だったのだ。あの日の僕には、ベッドの下を覗き込んだって、その声の正体に気づけなかっただろう。ずっと探していた答えは、今日この場所にあったのだ。

「人はなぜ旅をするのだろう」

もう耳を澄ましても、どこからも呼ぶ声はしなかった。よし、本当に帰るべき時が来た。

旅を終わらせよう。

第11章 日本

April 30, 2024

Japan

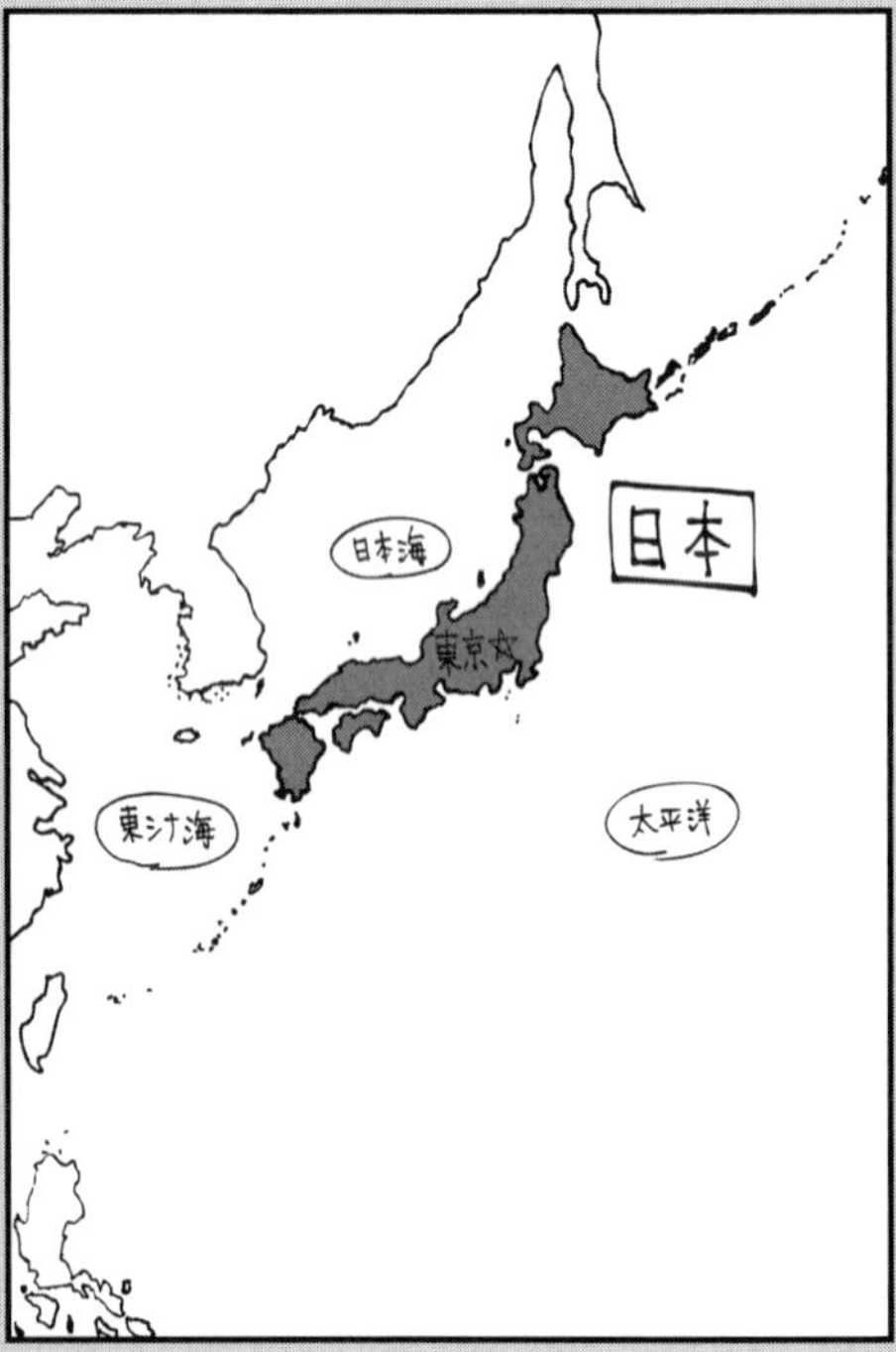
日本
日本海
東京
東シナ海
太平洋

4月30日「カチャッ」

僕は今、飛行機の中にいる。スワンナプーム国際空港から旅立ち、かれこれ数時間が経過した。機内食は好みの味ではなかったが、すべて平らげた。朝から何も食べていなかったのだ。少し寝坊したせいで、起床とともに慌ただしく荷造りをして、ドタバタと共同宿生活に別れを告げてきた。足早に街を歩き、バスで空港に向かった。もうトラブルは御免被りたかったので、優雅な朝食を楽しむ暇も、感傷に浸っている余裕もなかったのだ。離陸の時、窓に映るバンコクの風景に感慨はなかった。

「よし、まずはなんとかなったぞ」

と安堵した。この2カ月ですっかり口癖のようになってしまった台詞だ。

モニターのフライトマップで、あとどのくらいで着くのか確認しようと思ったが、やめた。そんなことしたって、到着が早まるわけでもない。隣に座る若いカップルの会話に耳を傾けた。タイ語なので詳しくはわからないが、これから始まる旅の話題で盛り上がっている様子だった。女の子の手元には、表紙に「ＪＡＰＡＮ」と描かれた旅行冊子が見えた。僕は少し眠ることにした。

シートベルト着用のランプが灯る音で、目が覚めた。機内は着陸態勢に切り替わり、高度を徐々に下げ始めた。同時に、心のざわめきを感じた。ようやく帰れる、という興奮が込み上げたのだろうか。違う。もっと奥のほうだ。いつから聞いていないのだろう。いや、聞いたことがないのかもしれない。旅に残されたわずかな時間で、そのざわめきに耳を澄ますことにした。

「過去」「現在」「未来」が、思考の中でぐるぐると回転し始めた。その渦に呑み込まれるように、僕は「過去」を辿った。「過去」を引きずりながら生きてきた。数多くの過ちを忘れられず、後悔ばかりが募る日々。かつての自分が犯人だと決めつけ、身動きの取れない今日をいくつも放り投げた。そのくせ、都合のいい思い出は美化して、ノスタルジーに浸ってばかりいた。永遠に輝きを失わない初恋にすがり、新たな出会いをいくつも壊した。あの日を恨みながら、あの日を羨んでいた。過去への愛憎に溺れ、目の前の大切なものに触れることのできないその姿は、まるで亡霊のように脳裏を彷徨った。

渦の勢いは止まることなく、むしろ加速していく。僕は「未来」を覗いた。「未来」に引きずられながら生きてきた。先の見えない明日を追いかけて、生き急いでばかりいた。立ち止まると不安になり、いつも焦っていた。追いかけていたつもりが、次第に何かに追いかけられているような気分になった。いつの間にか、自分がどこに向かって何のために走っているのかわからなくなり、不毛な追いかけっこは続いた。そのくせ失敗することを怖がり、いくつも予防線を張った。その線はがんじがらめの鎖となり、自由な心を失った。可能性を信じて挑戦することより、安全で退屈な日々を積み上げていった。

機体は傾き、さらに高度を下げていく。「過去」も「未来」も呑み込んで、渦は大きなうねりを上げた。ざわめきは心の中心へと僕を導いた。渦の目は、とても静かなところだった。

「旅は僕に何をもたらしたのか」

真理に辿り着く時がやってきたようだ。

アジアを転がり続けた61日間。やっぱり旅は嫌いなままだった。ずっと寂しさを抱えていた。何をしてもうまくいかなかった。恐怖に打ちひしがれてばかりいた。そんな孤独と絶望の中で、僕はいつしか「今日」の連続を生きた。今この瞬間、目の前で起こる事象と対峙し続けた。年齢の数だけ培ってきたちっぽけな経験は通用せず、先を模索しても何一つ計画通りには進まなかった。

旅では、「昨日」も「明日」も息を潜めた。大切なことはすべて「今日」に詰まっていた。

毎日、ボロボロになっていくノートに「今日」を綴ることが、僕の唯一の喜びとなった。騒がしいバーカウンターの隅っこ、夜市のベタつくテーブル、揺れるバスの寝台、月明かりが照らす夜行列車の窓辺、感情のままにボールペンが走った。この日記が教えてくれたのだ。「過去」と「未来」から支配される日々を捨て、「現在」に希望を見出せ、と。僕が歩いてきた道につけた目印は、鳥たちがついばんでいった。もう元来た道には戻れないだろう。神は歩むべき方角を示してはくれない。また方角を間違えることもあるだろう。最高じゃないか。それが悲しいとも、恐ろしいとも思わない。これからは、今だけを刻んで生きていくことに人生を捧げよう。僕はざわめきの渦が収まりつつあるのを感じ、一人自分と誓い合った。

機体は、いつの間にか羽田空港の滑走路に滑り込んでいた。ゆっくりと誘導路を徐行して、やがて停まった。シートベルト着用のサインが消えると同時に、乗客は慌ただしく降りる準備を始めた。少し待ってから、シートベルトを外した。

「カチャッ」

その金具の音は、僕をどこまでも自由に解き放った。

さて、飛行機から降りよう。次の国はどこだろう。10カ国目は、日本だ。機内の窓から東京の街が見えた。知らない土地に降り立ったような気がした。煩わしいビザの申請はいらない。強引な押し売りもいない。言語も通じる。今晩の宿を探す必要もないのだ。なのに、未知なる出会いが待っている予感がしてならない。ふと、この国でも旅を続けたいと思った。目の前で起こる事象と対峙して、悩み、迷い、遠回りを繰り返しながら、この国を旅していきたい。

そして、そんな今の僕が織りなす音楽を、僕は無性に聴いてみたくなった。

あとがき

12月30日　寒い国には行くもんか

本書は、毎晩欠かさず綴っていた日記が元になっている。僕は61日間でノート2冊、ボールペン6本を費やした。書籍化にあたって、最初に取りかかったのは文字の解読からだった。引っ張り出したノートは、角が擦り切れて表紙は泥だらけ。日本を出発する直前に近所の文房具屋で購入したものだ。買ってから半年も経っていないのに、それは古い書物みたいだった。恐る恐る開いて、さらに驚いた。2冊のノートは正気とは思えないほどぐちゃぐちゃな字で、びっしりと埋め尽くされていたのである。洞窟の中から発見された古文書を読み解くように、僕は時間をかけて慎重にページをめくっていった。

筆跡には、旅の混乱が鮮明に現れている。寝台バスの揺れはそのまま文字として揺れていたし、情緒不安定な場面は汗や涙で滲んでいた。充実した日のインクは濃く、取り留めのない日は色が薄い。本になるなんて、夢にも思っていなかった。この日記を誰かに見せることになるのなら、もっと丁寧に書いておけばよかった。しかし、他者に読まれることを意識していたら書けなかったことだらけだったとも思う。

作業を進める中で、改めて自らの旅を客観的に見つめ直すことができた。『カトマンズに飛ばされて』は、旅物語としてはごくありふれたものだろう。リュックサックを背負って、東南アジアから南アジアを陸路で巡る。トラブルとカルチャーショックに揉まれながら、自己を見つめ直す。昔から多くの人間が同じような道を辿ってきた。それは元々、僕が旅に興味を持てなかった理由の一つでもある。「どうせみんながやっていることだから、わざわざ自分がしなくていいだろう」とたかを括っていたのだ。そんな僕が、30歳を過ぎてからその道を辿ることになるわけだから、運命とは不思議だ。

帰国してからの半年間、ありとあらゆる人が旅について僕に語ってきた。素直に「すごいね!」と言ってくれる人の多くが放浪を知らぬ者。経験者からは、「お前の旅は旅じゃない」

「真のバックパッカーはもっと危険だ。大袈裟すぎる」

「人の金で旅になんか行きやがって」

と指摘されることもあった。

反論はない。むしろその通りだ。他の人だったら、悠々自適に各国を回れたはずだし、過呼吸になんてならないだろう。先輩の金で受動的に旅に行くなんてそもそもおかしい。

山口一郎さんからは、

「お前は何も変わっていない。次は寒い国に半年間行ってこい！」

とお叱りを受けた。

またしても反論はない。だって僕は、すっかり元通りになったのだ。日記の中の旅する自分と、日本に戻ってからの自分にズレさえも感じる。「こいつは、こんなことを考えていたのか！」と他人事のように驚いてしまう。アジアの風に吹かれて酔っ払っていたのか、トラベラーズハイにでもなっていたのだろう。

2カ月間アジアを彷徨ったからといって人の根本は変わらない。でも、それでいいと思っている。各地で価値観が転覆するような光景や出来事に直面し、新しい自分を得たのも事実。しかし、その激動の中で、僕はどうしようもなく変わらない自分も見つけていた。やっぱり僕は、臆病なのにガサツで、寂しがりなくせに自分本位で、せっかちなわりにマイペース。61日間のふるいにかけて残った自分は、実に矛盾に溢れたしょうもない男だった。僕はその性根を頑固汚れと呼ぶ。潔癖症ゆえか、これまでの人生はそのシミをゴシゴシ擦ってなんとか消そうとしてきた。

今、「あとがき」を書きながら決心した。もうそんなことはやめだ。このシミだらけな心と共に生きていこう。僕は僕を受け入れた。僕は僕のことが好きになった。それ以上に何を望む？　カトマンズに飛ばされた僕の答えだ。

出版にあたって、多くの方にご尽力いただいた。

山口一郎さんをはじめ、藤原江理奈さん、塚原沙耶さん、小木田順子さん、山本知香子さん、室井泉海さん、渡辺雅敏さん、家族、友人、仕事関係者各位、SNSを通じて応援してくれた皆様。心より感謝を述べたい。

そして、微笑みかけてくれた世界中のバックパッカーに最大の愛を込めてこの物語を捧ぐ。

僕は旅に出なくてよかった

山口一郎（サカナクション）

旅を終えた古舘は僕に会いに来なかった。ボサボサ頭でバックパックを背負って帰ってきた彼に寿司でも食わせようと思っていたのに、音沙汰がない。古舘はそういうヤツで、今までもずっとそうだった。

彼を知ったのは、10年ほど前にラジオ番組のリスナーが「夏の夜」（The SALOVERS／２０１1年）という曲を紹介してくれたのがきっかけだ。10代の古舘が書いた詩に、僕はカルチャーショックを受けた。ミュージシャンの仕事はある時代の青春を切り取ったり、街の風景を定点観測して表現したりすることだけれど、この詩は、東京生まれ、それも中流階級以上の若者たちが見ている世界を写し出していた。北海道から出てきた僕は東京ローカルを知らず、彼らが見ているのはこんな景色でこんな葛藤があるのだと嫉妬した。当時、その空気をちゃんと歌にできている人はいなかったと思う。10代の頃に友部正人や高田渡を知った時のような衝撃を受けた。

それから古舘と会って、才能の塊だとわかった。話は面白いし運動神経はいいし、作詞作曲にも演技にも驚いた。将来絶対大きくなる人物だと思い、僕の関わる番組やミュージックビデオに出てもらうようになる。バンド（THE 2）もプロデュースした。

ところが、古舘という人間は接すれば接するほどどうしようもない男だった。生来の人たらしで、いいかげんで嘘つき。うまいこと相手を納得させる技を持っていて、いかにも人たらしな風貌が自分の武器だと本能的にわかっている。そうして四六時中演じながら、のらりくらりと生きているのだ。

その素質をいい方向へ転がして驕ることなく精進すれば、誰も手の届かないところへ行けるはずだが、自覚がなくてそうしない。器用だけど不器用で、才能があるのにくすぶっている。

バンドの解散を決めてにっちもさっちも行かなくなっている彼を見て、古舘佑太郎という人物そのものの背中を押そうと思った。都会育ちのボンボン、潔癖症で電車の手すりも触れず、自分の狭い世界に閉じこもっている。旅にでも出て、根本からひっくり返ってしまえばいい。甘いお汁粉の中でプカプカ浮かんでいる古舘を、煮えたぎる火鍋にくぐらせよう。

僕が30代前半の頃だったたか、THA BLUE HERBのボス（ILL-BOSSTINO）さんに「歌詞が書けない」と相談したら、「カトマンズに行ってこいよ。30曲は書けるぞ」と言われた。でも僕は当時忙しくて、旅をする余裕がなかった。古舘がバンドをやめると言った時、僕の代わりに行ってもらおうと思ったのだ。そうすれば、彼は何か変わるかもしれない。いっそのこと行方不明にでもなってみればいい。

旅に出ることを渋っている古舘に、メールで曲を送った。友部正人の「どうして旅に出なかったんだ」。旅に出なかった人と出た人の歌である。10代の僕はこの曲を聴いて旅に出たいと思った。

30代のあの時、カトマンズに行かなかったことに心残りはある。旅に出たら、違う人生になっていたかもしれない。でも結局のところ、行かなくてよかったと思っている。

僕は音楽を作るのに時間がかかる。世に出すのが怖くて、雑巾を絞り続けるように、入念に練り上げる。もし旅をしていたら、雑巾はひたひたに湿って、ちょっと絞れば水が出るようになったかもしれない。でも僕は、これまで自分が作ってきたものに一切後悔がない。乾いた雑巾を絞って、手に掻いた汗が雑巾に染みついて、ようやく一滴の水が垂れるように生まれたものに後悔がない。だから旅に出なくてよかったのだ。

僕は一人の部屋で日々を過ごし、ほとんど人とも会わず、自分の世界で音楽を作ってきた。古舘はきっとそういう性質ではない。いろんなものを見て、いろんな人と会って、思い切り喧嘩したり、自分の殻を壊したりする中でいいものを作ると思う。僕のような生活では、彼はたぶん音楽を作らない。

人はなぜ旅をするのか。若い頃は特に、心が疼いて無性に走りたくなったり、自分に酔ったりする。そういう衝動の先に旅があると思う。だから人は、失恋した時や学校を卒業したりする門出の時、ここではないどこかへ行く。迷いを抱える人や新たなスタートを切りたい人にとって、旅はいいものなのだろう。追い出されて始まった古舘の旅も、そういう時機だった。旅に揉まれながら綴る文章を読んで、やっぱり本当に才能のあるヤツだと思った。最高だ。

旅から帰ってきて何カ月も経ち、もう年が暮れようとする頃、ようやく古舘は僕の家を訪ねてきた。現れるなり、直感した。何も変わっていないじゃないか。2カ月アジアを回ったくらいでは足りないのだ。今度はどこか寒い国にでも飛ばして、半年くらい働かせようか。

いつだって相談に来ればいいのに、彼は僕に甘えてこない。僕が甘やかして、それに渋々乗ってくるだけだ。いつか売れたら僕のことを忘れるし、僕が死んでも葬式にちょっと顔を出して帰るくらいに違いない。でもそれで構わない。彼は本当に憎めないのだ。存在自体が僕を嫉妬させる何かがある。人徳なのだろう。

この本をみんなが読む頃、一体古舘は何をしているのか。彼自身が何か変わったと思っているのなら、それを信じてあげたいと思う。どうしようもない人間の物語を紡いでいけば、風来坊として生きていけるだろう。このヤサグレ野郎の人生をみんなであたたかく見守ってあげてほしい。僕はこれからもずっと応援している。

（構成　塚原沙耶）

古舘佑太郎（ふるたちゆうたろう）

ミュージシャン・俳優

1991年4月5日生まれ。東京都出身。2008年、バンド「The SALOVERS」を結成し、ボーカル・ギターとして活動スタート。2015年3月、同バンドの無期限活動休止後、ソロ活動を開始。2017年3月、新たなバンド「2」を結成。2021年6月に活動休止し、2022年2月22日にバンド名を「THE 2」に改め再開。2024年2月22日に解散。俳優としては、2014年、映画『日々ロック』でデビュー。以降、NHK連続テレビ小説『ひよっこ』、NHK大河ドラマ『光る君へ』、映画『ナラタージュ』などに出演。主演映画に『いちごの唄』『アイムクレイジー』などがある。

写真　藤原江理奈（カバー〈表〉／第1章扉／第10章扉）
古舘佑太郎（カバー〈裏〉／第2－9章扉／第11章扉／口絵・本文写真）

ブックデザイン　山本知香子

地図制作　古舘佑太郎

素材編集　室井泉海（地図／扉・本文写真）

DTP　美創

編集　塚原沙耶

カトマンズに飛ばされて

旅嫌いな僕のアジア10カ国激闘日記

2025年3月10日　第1刷発行
2025年6月30日　第4刷発行

著　者　古舘佑太郎
発行人　見城 徹
編集人　菊地朱雅子
編集者　小木田順子

発行所　株式会社 幻冬舎
　　　　〒151-0051　東京都渋谷区千駄ヶ谷4-9-7
電話　03(5411)6211（編集）
　　　03(5411)6222（営業）
公式HP：https://www.gentosha.co.jp/
印刷・製本所　株式会社 光邦

検印廃止

ISBN978-4-344-04415-9 C0095

この本に関するご意見・ご感想は、下記アンケートフォームから
お寄せください。
https://www.gentosha.co.jp/e/